똑같이 행동한다면
늘 손에 넣었던 것만을 얻을 뿐이다.

CREAT A LIFE THAT TICKLES YOUR SOUL ; Finding Peace, Passion, & Purpose
Copyright ⓒ 2000 by Suzanne Willis Zoglio
All rights reserved.
Korean translation copyright ⓒ 2003 by Mulbyungjari Publishing Co.
Korean translation rights arranged with Tower Hill Press
through Eric Yang Agency, Seoul.

이 책의 한국어판 저작권은 에릭양 에이전시를 통한 Tower Hill Press사와의
독점계약으로 한국어 판권을 제우스(물병자리)가 소유합니다.
저작권법에 의하여 한국 내에서 보호를 받는 저작물이므로
무단전재와 복제를 금합니다.

인생 후반 원하는 삶을 사는 7가지 기술

다르게 살고 싶으면
다르게 행동하라

옮긴이 **박광순**은 서울대학교 사범대학 역사교육학과를 졸업하였으며, 출판사 주간 및 대표를 역임하였다. 현재 저술가 및 전문 번역가로 활동 중이다. 역서로는 《헤로도토스의 역사》《펠로폰네소스 전쟁사》《지의 편집공학》《즐거운 인생을 위한 처방전》《초자연, 자연의 수수께끼를 푸는 열쇠》 등 다수가 있다.

본문 일러스트를 그린 **박태이**는 동양화를 전공하였으며, 현재 춤 명상가로 활동하고 있다.

인생 후반 원하는 삶을 사는 7가지 기술

다르게 살고 싶으면 다르게 행동하라

초판 1쇄 인쇄일 2003년 11월 5일
초판 1쇄 발행일 2003년 11월 10일

지은이 | 수잔 윌리스 조글리오
옮긴이 | 박광순
펴낸이 | 류희남
기획·편집 | 권미경, 최지니
교정·교열 | 신은주
펴낸곳 | 제우스

출판등록일(번호) | 2003년 4월 14일(제2003-68호)
주소 | 110-070 서울시 종로구 내수동 1번지 대성빌딩 711호
대표전화 | (02)735-8160 팩스 | (02)735-8161
e-mail | mb@mbage.com

ISBN 89-90762-02-2   03840

인생 후반 원하는 삶을 사는 7가지 기술

다르게 살고 싶으면
다르게 행동하라

수잔 윌리스 조글리오 지음 · 박광순 옮김

제우스

전문가들의 추천글 〉〉〉

통찰력 있는 인생을 위한 안내서! 당신은 이 책을 통해 잃어버렸던 꿈을 되찾을 것이다.   —잭 캔필드(《영혼을 위한 닭고기 수프》 공동 저자)

아직 늦지 않았다. 원하는 인생을 살자! 나는 이 책을 절친한 CEO들에게 한 권씩 나누어 주었다.   —윌리엄 E. 캐머런(YMCA 매니지먼트)

자극, 즐거움, 매혹이 있는 책!   —조 푸코(《Federal Hill Gazette》 저자)

정신의 안식처!   —《Total Health Magazine》 Vol 22, No 1

삶을 개혁하도록 고무시키는 힘이 굉장하다.
  —잰 미첼(《The Sunday Oregonian》 저자)

저자의 애정과 낙관주의가 곳곳에 배어 있어 영혼까지 만족시킨다.
  —태미 파울스(철학 박사, 《Birthquark》 저자)

나이가 많든 적든 그것은 아무 문제가 되지 않는다.
  —스테파니 무어(《Active Singles Life》 저자)

내 안에 잠자고 있던 어린 아이를 소생시켜 주었다. 다시는 그 아이가 사라지지 않게 할 것이다.   —잰 트루스(마케팅 관리자)

어느 날 문득 자신의 현재가 어떻게 만들어졌는지 모르겠다는 생각이 들 때, 이 책을 읽어라!
―스테판 크리스천센(투자 책임자)

모험심을 갖고 삶을 다시 설계하도록 해주는 아름다운 책.
―수잔 엘코(교육 컨설턴트)

진정성과 열정을 가지고 제2의 인생에 이르도록 안내하는 책.
―실러 스킴프(《Lansing State Journal》 저자)

이 책을 통해 변화에 도움이 되지 않는 습관들을 버리고, 원하는 삶을 지지해 주는 습관을 배워라.
―짐 도노반(《This is Your Life, Not a Dress Rehearsal》 저자)

혼이 깃들인 책! 읽을수록 삶이 고양된다. ―아만다 솔러(〈W4〉 편집자)

삶을 풍요롭게 하고 더 나아가 수명을 늘려줄 수도 있을 만한, 실천적이고 훌륭한 통찰력들로 가득하다.
―로렌스 A. 데커(철학 박사, 《A Change of Heart》 저자)

마치 나를 놓고 쓴 것처럼 정곡을 찌른다.
―폴 H. 바버(〈The Journey〉 프로 진행자)

차 례

저자의 말 왜 그들은 변화를 선택했는가? 14

프롤로그
자신에게 솔직해져라

진정성 – 내면으로부터의 삶 24
자제력 – 책임감과 유능함 27
인간관계 – 사랑하는 자아, 초월하는 자아 31
성장 – 변화와 진보의 선택 33
의미 – 모든 삶에는 의미가 있다 37

PART 1
원하는 것을 생각하고
또 생각하라
– 분명한 비전과 강렬한 욕구가 밀려오게 하는 방법

목적을 명확히 하라 43
  목적을 아는 것은 삶의 축복이다 48
  자신의 재능을 인류가 필요로 하는 일에 발휘하라 51
  질문만 하라 53
  내면의 목소리를 적어라 54

원하는 인생의 비전을 만들라　　58

자신의 열망에 날개를 달아라　　63
  스트레스를 줄이기 위한 행동 방침(샘플)　　65

PART 2
변화를 방해하는
오래된 습관을 버려라
− 꿈을 실현시키기 위해 지금 당장 할 수 있는 방법

좋지 않은 습관은 고의적으로 성공을 방해한다　　75
  원하는 사랑을 얻는 것을 방해한다　　78
  자신은 지독하게 운이 없고 항상 나쁜 일만 일어난다고 생각한다　　79
  외롭거나 관계에서 단절된 느낌이 들거나 삶에 속은 느낌이 든다　　79
  자신을 돌봐줄 사람들을 좋아한다　　80
  너무 많은 일을 해 기진맥진해진 자신을 발견한다　　81
  꿈을 실현시키는 데 필요한 위험을 자꾸 피한다　　82

무엇이 당신을 짓누르고 있는가?　　83

버림으로써 짐을 가볍게 하라　　88
  용서의 모닥불　　90

스스로 방향을 결정하라　　94

계획적으로 시간을 관리하라　　103
  우선 순위에 초점을 맞추라　　105
  강력한 계획을 세우라　　107
  자신을 훈련시키라　　109

PART 3
마음의 방을 포지티브로 가득 채워라
— 포지티브 씽킹을 끌어내고 유지하는 방법

확언의 기술을 익혀라　119
추방의 명수가 되라　122
생생히 마음속에 떠오르게 하라　125
상황에 테를 다시 두르는 법을 배우라　127
해결책 탐정이 되라　129
보다 넓게 보려면 발코니로 나가라　131
자부심을 길러라　134

PART 4
나의 열정과 매일 산책을 나가라
— 하루하루를 열정적으로 사는 방법

힘 닿는 데까지 모든 것을 즐기라　143
　당신의 오감을 즐겁게 해주는 것은 무엇인가?　144
　무엇이 당신을 감동시키는가?　147
　무엇이 당신의 내면에 평화를 가져오는가?　149
　누가 당신의 열망을 끌어내는가?　150
훨씬 더 많은 일을 할 수 있는 자신의 잠재력을 인식하라　153
감사하며 축하하라　158

PART 5
배려하고 신뢰하는
인간관계를 만들어라
― 삶 속에서 인간관계를 심화시키는 방법

      자기애로 시작하라　　164
      무조건 주라　　165
      시간을 들여 이해하라　　168
      주는 데 앞장서라　　172
      고맙게 받으라　　179
      충실하게 행동하려고 애쓰라　　186

PART 6
안락한 요람에서 탈출하라
― 잠재력을 실현시키기 위한 준비사항

      기민한 두뇌　　197
      강건한 몸　　199
      지혜로운 정신　　206
      진보냐 붕괴냐　　210

PART 7
행동 하나하나를 변화시켜라
— 당신의 재능을 활용하는 방법

자신에게 의미가 있는 단체를 도와라　224
날마다 무엇인가를 주라　229

에필로그
좌절하지 마라,
이곳은 새로운 지역이다

부정　237
앞으로 닥칠 부정적인 것보다, 이미 익숙한 부정적인 것들이 더 나아보일 것이다.

자각　240
자신의 느낌을 솔직하게 모두 털어놓음으로써 예전엔 몰랐던 욕구들이 보일 것이다.

탐험　241
다시 출발점으로 되돌아 오더라도 좌절하지 마라. 이곳은 새로운 지역이다.

의심　242
좀더 낯익은 땅으로 돌아가고 싶어 저 마지막 한계를 남기고 피하려들지 모른다.

여행자의 도움　243
아무도 묻지 않는 질문들, 생존의 질문들을 던져줄 사람들을 찾아라.

감사의 글　245
옮긴이의 글　247
참고문헌　250

행복은 미덕을 기반으로 쌓일 수 있고,
반드시 그 밑바탕에는 진실이 깔려 있어야 한다.

저자의 말 _ **왜 그들은 변화를 원하는가?**

6년 전, 나의 한 고객은 다국적 기업의 최고 경영진 자리를 제의 받았었다. 그때 이 제의를 받아들였더라면, 그는 많은 월급을 받고 자신의 영향력을 맘껏 발휘할 수 있었을 것이다. 게다가 새로운 모험으로 가득 찬 여행도 기다리고 있었다. 대부분의 사람들이 꿈꿀 만한 스카우트 제의였다. 하지만 그는 이 제의를 받아들이지 않을 것이라고 내게 말했다. 그 제의를 받아들이면 우선 유럽으로 떠나야 하고, 그럴 경우 자신의 가족이 정든 곳을 떠나야 한다는 게 그의 설명이었다.

그는 5년 전, 가정생활에 좀더 충실하고 가족을 위해 좀더 많은 시간을 할애하기로 결심했다고 한다. "그들로부터 제의받은 자리가 내게 걸맞지 않는다고 생각했죠." 그래서 그는 용기를 내어 이 제안을 거부할 수 있었다.

치열한 경쟁사회를 살아가면서 그런 결정을 내리기란 쉽지 않다. 그렇기 때문에 나는 자신에게 걸맞는 삶을 살고자 하는 그에게서 강한 인상을 받았다. 나 자신의 삶에 대해 다시 한 번 생각해 보게 될 정도로 큰 감명을 받았던 것이다.

나는 물질적 욕구에 충실하기보다 내면의 평화와 열정에 초점을 맞추었다. 내가 가야 할 길을 방해하는 생활패턴이 무엇인지 탐구하던 나는 변화를 방해하는 낡은 습관들에 역점을 두었다.

처음 삶의 개혁에 대해 탐구하기 시작했을 때, 나는 다양한 장소에서 다양한 중년의 사람들을 만나 질문을 퍼부었다. 그리고 인생에서 이루고 싶은 것들에 대해 이야기를 나누었다.

나는 인생의 어떤 측면이 만족스럽고 어떤 측면이 마음에 들지 않는지 그들에게 묻곤 했다. 많은 사람들은 기꺼이 인생의 긍정적인 측면과 인생의 장애물에 대해 이야기해 주었다.

내가 이런 삶의 문제에 대해 이야기할 때마다 사람들의 반응은 한결같았다. 갑자기 눈빛들을 반짝거리며 원하는 삶의 변화에 대해 말했고, 질문공세 역시 뜨거웠다. "성공적으로 삶을 개혁한 사람들이 정말 많습니까?" "중년에 이르러 사람들은 왜 삶을 개혁하려는 거죠?" "자신의 삶에 만족할 수 있는 비결은 무엇입니까?" "어떻게 자신의 삶에 대해 뜨거운 열정을 가질 수 있을까요?" "어떻게 해야 변화를 받아들이는 용기가 생길까요?" "어떻게 하면 내게 맞는 삶을 일굴 수 있을까요?"

지난 2년 동안 나는 이런 질문들에 답하기 위해 각계각층의 사람들(대부분 인생의 후반기를 살고 있는 사람들)을 관찰하고 인터뷰하고 연구했다. 나는 그들의 프라이버시를 보장해 주기 위해 일부 사례에서는 이름이나 신원을 밝히지 않았다. 하지만 어떤 사례든 나는 많은 사람들이 인생 후반에 하고 싶었던 일, 즉 인생을 다시 설계하는 일을 훌륭하게 수행해낸 사실에 감탄했다.

그런 경험담을 들려준 분들에게 감사의 뜻을 표한다. 그들은 내

면의 소리에 귀기울이고 용기 있게 행동하면 인생에서 많은 변화가 생긴다는 것을 증명해 주었다.

삶을 개혁한 사람들을 소개받고 대화를 나누면서 나는 새로운 사실을 알게 되었다. 어떤 사람들은 한 분야에서 많은 변화를 보인 반면, 어떤 사람들은 삶의 모든 분야에서 철저하게 개혁을 수행했다. 그들 한 사람 한 사람은 인간이 정신의 인도를 받으면 마음이 얼마나 풍요로워지고 융통성을 발휘할 수 있는지 입증해 주었다. 그들의 경험담을 바탕으로 여러분이 자신에게 맞는 인생, 영혼까지 만족시키는 인생을 창조해낸다면 더 바랄 게 없다.

보다 만족스러운 삶을 살고 싶거나 다른 누군가가 그렇게 살아갈 수 있도록 도와주고 싶은 마음이 있다면, 이 책은 단순히 여러분을 고무시키거나 격려하는 데 그치지 않을 것이다. 인생의 중간 단계에서 여러분이 자신에게 맞는 삶을 창조할 수 있도록 지도해 줄 것이다.

나는 여러분이 자신의 목적지를 발견하는 흥미진진한 여행에

동참하여 목적에 잘 맞는 선택을 하길 바란다.

   여러분에게는 훌륭한 삶을 훨씬 뛰어넘는 인생을 살아갈 자격이 있다. 또한 자신의 독특한 개성에 딱 들어맞는 삶을 살아갈 자격이 있다. 여러분의 마음에 평화가 깃들고 삶에 대한 열정과 목표점을 찾아나가기 바란다.

                                      펜실베니아 주 벅스 카운티에서
                                             수잔 윌리스 조글리오

프롤로그
자신에게 솔직해져라

> 일관성 있게 생각하는 사람은 생각 없는 사람과 같다. 왜냐하면 그는 특정한 사고방식에 순응하고, 같은 말을 반복하고, 판에 박힌 생각을 하기 때문이다.
> — 크리슈나무르티 J. Krishnamurti

자기 자신이나 다른 누군가에게 생활태도를 바꾸어 보라고 말한 적이 있는가? 반대로 누군가가 당신에게 생활태도를 바꾸라고 충고했을지도 모른다. 마흔이 넘은 사람들은 대부분 생활태도를 바꾸고 싶어한다. 인생의 후반기를 맞이할 준비를 하면서 생활태도를 바꾸고 싶어하는 것이다.

어떤 사람들은 평탄한 삶을 추구하기도 하고, 또 어떤 사람들은 생동감 넘치는 삶의 풍요로움을 즐기고 싶어한다. 중요한 것은 보다 의미 있는 생활을 원한다는 것이다.

그런데 이렇게 생활태도를 바꾸고 싶어하는 사람들에게 좋은 소식과 나쁜 소식을 알려주겠다. 좋은 소식이란 누구나 원하는 삶을 누릴 자격이 있다는 것이고, 나쁜 소식이란 생활태도를 바꾸는 일이 한 통의 우유나 오디오, 혹은 양복 등을 바꾸는 것과는 다르다는 사실이다.

그것은 살 수도, 훔칠 수도, 구걸할 수도, 교환할 수도 없다. 아무도 당신의 마음속에 어떤 심상(心象)이 가득 차 있는지, 어떤 열정이 당신의 심장을 두근거리게 만드는지 알지 못한다.

당신은 마음속에 하나의 디자인을 떠올리고, 자신만의 독특한 개성으로 촘촘히 장식할 필요가 있다. 또 어떤 것이 자신에게 맞고 어떤 것이 맞지 않는지, 어떤 것을 유지하고 어떤 것을 버려야 하는지, 또 어떤 것을 추가할지 조사할 필요도 있다.

만족스러운 영혼을 위하여 생활태도를 바꾸는 것은 바로 당신 스스로 해내야 하는 창조적인 작업이다. 그리고 그 길을 가면서 많은 동행인을 만나게 될 것이다.

베이비붐 세대는 8초마다 한 명씩 오십 고개를 넘어가고 있다. 우리는 중년에 들어서고 있는 가장 광범위한 세대이고, 부모 세대가 경험한 것과는 다른 중년을 맞이하고 있다. 오늘날 우리 사회는 80회 생일을 맞이할 가능성이 상당히 높아졌다.

중년 연구에 있어서 선구적인 역할을 했다고 평가되는《새로운 이행 : 시간을 가로지르며 인생의 지도 작성하기(New Passages : Mapping Your Life Across Time)》의 저자인 게일 쉬히에 따르면, 베이비붐 세대인 우리는 몸이 쇠약해지기 전에 즐겁고 완전한 두 번째 성인기(成人期)를 맞이할 것이라고 한다.

일부 중년의 개혁자들은 질병이나 이혼, 사랑하는 사람의 상실, 조기 퇴직으로 인한 변화의 물결을 거스를 수는 없지만, 자신이 잃어버린 무언가를 추구하기 위해 해도(海圖)가 없는 물 속으로 기꺼이 뛰어든다. 우리는 내적인 욕구나 가치에 좀더 근접하기 위해 생활양식을 바꾸고 싶어한다. 한때 완벽하고 분별 있어 보이던 사람을 사십대의 렌즈를 통해 들여다보면 전혀 다른 경우도 많다.

중년에는 물질적인 욕망보다 인생을 즐기고 싶은 욕망이 더 강해진다. 또 다른 사람의 인정을 받으려는 욕구가 자신의 꿈을 좇으려는 욕구보다 훨씬 더 강하다. 남에게 보이려는 욕구 속에서 진정한 자신을 보고, 또 다른 사람들로 하여금 그런 자신을 보게 하려는 욕구가 커진다. 직장이나 지역사회에서 주도적인 자리에 앉아 있을 경우, 개인적인 삶에서도 마찬가지로 영향력을 발휘하고 싶어진다.

우리는 신중하게 자신의 규칙에 따라 살아가기를 고집하게 된다. 또 부모나 나이 많은 형제자매, 심지어 친구들을 잃기 시작하면서 자신도 죽음에 직면할 수밖에 없는 존재임을 뼈아프게 자각하게 된다. 이때부터는 정말이지 시간이 날아가는 것처럼 느껴지기 시작한다. 갑자기 우리는 더 늦기 전에 하고 싶었던 일을 시작해야겠다는 충동을 느낀다.

우리는 좀더 삶의 충만감을 맛보고 싶어하고, 다른 사람들과 좀더 솔직한 인간관계를 맺고 싶어하며, 이 세상을 좀더 살기 좋은 곳으로 만들고 싶어한다. 그래서 우리는 마음의 평화와 열정을 추구하고, 삶의 목적을 찾으려 애쓰며, 자신의 인생을 개혁하고자 한다.

좀더 마음이 평온해지려면 '진정성'과 '자제력'(개인적인 자각과 영향력)을 기를 필요가 있다. 열정을 보다 강화시키기 위해서는 '인간관계'와 '성장'을 통해 삶에 대한 흥미를 높여야 한다. 또 목적의식을 갖기 위해서는 우리에게 '의미' 있는 것이 무엇인지 명확하게 알 필요가 있다.

이 다섯 가지 요소(진정성, 자제력, 인간관계, 성장, 의미)는 고양된 삶의 만족과 관련이 있다. 이런 요소들을 갖추면 행복감을 만끽하게 된다. 그리고 이런 요소들을 지니지 못했을 경우 무엇인가 부족한 느낌이 들고 결핍감을 느낀다.

이 책을 읽어가다 보면 이 다섯 가지 요소가 무엇을 의미하는지를 보다 자세히 알게 될 것이다.

진정성 – 내면으로부터의 삶

인생의 초기 단계에서는 욕구 충족의 일환으로 다른 사람들(부모, 선생님 등)을 즐겁게 해주는 데 마음을 쏟는다. 그러나 좀더 시간이 흘러 나이를 먹고 자신의 욕구를 스스로 충족시킬 수 있게 되면 다른 사람에게 신경을 덜 쓰게 된다. 체면을 차리는 데 무신경해지며, 다른 사람들이 어떻게 생각할까에 대해 좀더 자유로워진다.

더 이상 다른 누군가의 꿈을 좇고 싶어하지 않는다. 자신의 삶을 살고 싶어한다. 우리는 자신이 어떤 부류의 인간이고 무엇을 성취했는지 알게 되는 것이다. 이제는 자신에게 적절한 삶을 살아가길 바랄 뿐이다. 우리는 내적인 혼란과 외적인 혼돈에서 자유로워지고 싶어한다. 좀더 평온해지길 원한다.

스스로 내린 결정이나 행동이 사려 깊고 신중하며, 자신이 중요하게 여기는 가치와 조화를 이루는 인생을 만들어가고 있다면, 당신은 참된 삶을 살아가고 있는 것이다. 그것은 다른 사람들의 감탄을 자아내거나 존경을 받는 인생이 아니라, 당신 스스로 자신에게 적절하다고 생각하는 인생을 말한다. 그것은 당신이 그동안 살아온 인생이 아닐지도 모른다. 그것은 당신이 열정을 가지고 하루

하루를 생활하고 밤에는 평온하게 잠들 수 있도록 해준다.

자기 자신과 충족시킬 필요가 있는 것에 대해 (자신과 다른 사람들에게) 솔직하면 할수록, 당신은 자신에게 맞는 인생을 창조할 가능성이 높아진다.

외적인 행동과 내적 진실을 결합시킴으로써 인생은 자신에게 의미 있는 방향으로 흘러갈 것이다. 아마 당신은 통찰이나 발달, 표현으로부터, 즉 진정한 상태로부터 에너지를 얻게 될 것이다. 이때 부정이나 억압으로 에너지를 소비하지 말아야 한다. 내적, 외적 세계가 조화를 이루면 흩어져 있던 퍼즐 조각들이 모두 제자리를 찾게 되고, 모든 것이 갑자기 이해된다.

참되게 살아갈 때에 당신은 자신이 어떤 사안에 찬성하고 무엇을 선택해야 하는지 알고 있다. 가장 우선시하는 것들을 먼저 실천하고, 행동과 신념을 일치시킨다. 건강과 가족, 명상, 봉사가 중요하다 싶으면 당신은 거기에 필요한 시간을 마련할 것이다.

한편 자신에게 맞지 않는 방식으로 살아간다면, 당신은 인정받고 싶은 부분들을 감추거나 무시할지도 모른다. 아마 당신은 피곤함이나 공허함, 혹은 우울함을 느낄 것이다. 자신의 내적 욕구를 의식 뒤편으로 밀어낼 때 에너지가 소모되기 때문이다. 내면의 진실을 부정하는 것은 조리가 끝난 압력솥의 뚜껑을 계속 닫아두려고 애쓰는 것과 같다.

내적인 지식이나 진실에 바탕을 두고 행동하지 않을 때 당신은 조화로움을 경험하지 못할 것이다. 당신은 당신이 행해야 하는 내적 작업에 주의를 돌리면서 샴페인을 너무 빨리 터뜨릴지도 모른다. 하지만 그런 행위가 당신의 공허함을 채워주는 것은 아니다. 마음의 평화를 위해서는 자신의 내면에 귀를 기울이고 그것을 따르는 삶을 살아갈 용기를 지녀야 한다.

다음에서 말하는 조건들이 들어맞을 경우, 내면으로 느끼는 만족감은 커질 것이다.

- 당신은 유능하다. 아마도 자신의 전문 분야에서 대단히 성공했을 것이다. 하지만 자신이 사랑하는 일이 아니다.
- 당신은 자신이 무엇을 원하는지 모른다. 그러나 지금의 삶이 원하던 것이 아니라는 사실을 잘 알고 있다.
- 당신은 밀접한 인간관계를 원한다. 그러나 자신의 자부심이나 감성을 발달시키는 대신, 일·음식·술 등으로 도피한다.
- 당신은 인생을 보다 의미 있게 만들려면 어떤 변화가 필요한지 알고 있다. 그러나 지금 당장 변화에 나서지 않으

면서 변명만 일삼는다.

만약 당신이 위의 조건 중 어느 하나라도 해당된다면, 어떻게 하면 당신의 내적, 외적 세계가 조화를 이룰 수 있을지 생각해 보라.

자제력 – 책임감과 유능함

우리는 자신이 혼자 힘으로 생존할 수 있다는 사실을 알아야 한다. 뿌듯한 자부심과 내면의 평화를 위해 지금 처해 있는 상태만으로도 충분하다는 사실을 자각하고, 혼자라는 것을 사실을 철저히 각인해야 한다.

우리는 자신이 선택한 것에 대해 책임을 지고, 어떤 일이든 다 처리할 수 있는 능력을 가지고 있다는 사실을 믿어야 한다.

생활 속의 자질구레한 일들(예를 들어 쇼핑이나 청소, 요리, 은행 업무 등)을 능숙하게 처리하고, 재정적으로 자립하며, 시간을 잘 관리하고, 위기를 잘 해결할 능력이 있으면, 아마 당신은 자신에게서 강한 자제력을 느낄 것이다. 그것은 당신이 혼자이길 원하는 게 아니라 혼자인 것을 두려워하지 않는다는 것을 의미한다.

우리에겐 자신이 선택한 것에 책임을 지고,
어떤 일이든 다 처리할 수 있는 능력이
있다는 사실을 믿으십시오.

당신은 자신이 제어할 수 없는 사건이 일어날 수도 있다는 것을 알지만, 그런 사건들에 대한 자신의 반응을 선택할 수는 있다. 당신은 자신이 내리는 결정과 시간을 소비하는 방식에 대해 책임을 진다.

당신의 일상은 너무 바쁘거나 지나치게 뒤얽혀 있지 않다. 또 당신은 영화에 단역으로 출연하고 있다는 느낌 대신 자신이 걸작의 영화를 제작, 감독하면서 주연으로 출연하고 있다고 느낀다. 당신은 성취할 수 있는 목표를 설정하고 적당히 시간표를 짠다.

당신은 부당한 요구에는 자신 있게 '노'라고 말하고 일의 우선순위를 정할 수 있다. 그렇기 때문에 당신은 갱생과 반성, 또는 인간관계에 필요한 시간을 손에 넣게 된다. 당신은 재미있는 것을 즐기고, 스스로 자신의 행복을 책임진다.

높은 수준의 자제력을 지닌 사람들에게는 강한 믿음이 있다. 그들은 자신의 행동을 책임지고, 기도나 명상을 통해 삶의 길잡이가 되는 것을 찾는다. 그들은 모든 일이 좋은 방향으로 흐르리라는 믿음이 있기 때문에 두려움 없이 목적의식에 따라 행동한다. 그들은 위험을 무릅쓰고 끊임없이 자신의 역량을 향상시킴으로써 자신이 원하는 것을 손에 넣으려고 애쓴다. 그들은 자신의 순수한 욕망과 의지보다 더 큰 힘이 자신을 인도해 줄 것이라는 신념에 따라 자신이 선택한 삶을 향해 자신 있게 나아간다.

또 물질은 많이 가질수록 유지 비용이 더 든다고 믿기 때문에, 자신의 눈을 흐리게 하고 심장을 조이며 귀중한 시간을 좀먹는 물질에 대한 집착을 없앰으로써 삶을 단순화시킨다. 우리는 자신이 진실로 원하는 것과 습관적으로 추구하는 것을 구별할 수 있을 때 마음의 평온을 맛볼 수 있다.

사람은 자기 운명의 주인이 될 때 비로소 평온의 강에 도달할 수 있다. 당신은 과거에 성공을 이루었던 것처럼 앞으로의 일도 잘해낼 것이라 믿는다. 당신은 자신의 인생을 지배하고 있다. 반면 자신이 해야 할 일들에 짓눌리거나, 자립의 준비가 덜 되어 있거나, 위기에 닥쳤을 때 겁에 질린다면 이미 당신은 자신의 운명을 지배하고 있는 것이 아니다.

당신은 자신이 희생양이 되었다는 느낌에 사로잡혀, 자신의 결심에 바탕을 두고 어떤 결정을 내리기보다, 자신이 하지 않으면 안 되는 것에 바탕을 두고 결정을 내릴지도 모른다.

인생의 중·후반기를 어떻게 살아야 할까 고민하는 시점에 다다랐을 경우, 당신은 어느 분야에서 좀더 영향력을 발휘하고 싶은지 곰곰이 생각해 보라. 그 분야는 시간을 활용하는 문제일 수도 있고, 감정을 잘 다루는 문제일 수도 있다. 아니면 건강의 유지,

또는 만족스런 인간관계일 수도 있다.

인간관계 – 사랑하는 자아, 초월하는 자아

한 연구결과에 따르면, 사람들의 외적 관계야말로 행복과 건강한 생활의 기본 요소라고 한다. 우리는 누구나 소속감이나 한정된 인간관계의 범위를 넘어서고 싶어한다. 그렇다면 주위를 한번 돌아보라.

당신이 알고 있는 사람들 가운데 활기찬 사람은 누구인지 떠올려보라. 그들 주위에는 그들 삶에 중요한 역할을 해주는 사람들이 있는가? 그들은 가족이나 친구들과 밀접한 관계를 맺고 있는가? 그들은 자신들에게 신경을 써주는 공동체의 일원인가? 그들은 강한 믿음을 갖고 있는가? 그들은 다른 사람들을 도와주는가?

그들이 행복하다면, 당신은 아마 이런 질문들에 대해 '네'라고 대답했을 것이다. 충만한 사랑 속에서 살아가는 사람들은 내적인 확신과 기뻐할 줄 아는 능력, 보기 드문 관대함을 주변에 널리 퍼뜨린다.

삶 속에 사랑이 자연스럽게 녹아들어 있을 때 얼마나 생동감이 느껴지는지 당신은 알고 있는가? 그것은 당신이 사람들에게 주목을 받거나, 무언가를 되찾은 것과는 다르다. 무조건적인 사랑은 순수하고 단순하다. 아낌없는 사랑을 주거나 받으면, 그것이 얼마나 따뜻한 느낌을 가져다주는지 알게 될 것이다.

한 친구는 내게 이런 유대감에 관한, 마음에 와닿는 이야기를 들려주었다.

그녀의 증조할머니가 세상을 떠나면서 남긴 유품이 딸들에게 분배될 때, 내 친구의 할머니는 딱 한 가지만 요구했다. 그녀는 어머니가 입었던 모피 코트를 원했다. 그녀는 "이것을 입을 때마다 어머니의 사랑이 나를 감싸고 있는 듯한 느낌이 들어"라고 말했다고 한다. 삶이라는 직물이 마음의 실로 짜여질 때, 우리는 아주 활기차고 자유로운 존재가 될 수 있다.

사랑을 받거나 인정을 받는 듯한 느낌은 성공이나 소유와는 또 다른 내적인 풍요로움을 가져다준다. 그러나 사랑만으로 외로움의 공허한 느낌이 없어지지는 않는다. 배우자나 친구, 자식, 공동체, 혹은 하느님과 마음을 주고받는 유대감을 형성할 때 비로소 우리는 있는 그대로의 자신의 모습이 사랑스러워진다. 그런 다음에야 비로소 우리는 진심으로 서로를 아껴주는 의미 있는 인간관계를 맺을 수 있다.

성장 – 변화와 진보의 선택

우리는 이제 우리가 추구하는 것과 관련해, 그리고 인생의 후반기와 관련해 중요한 결단을 내린다. 정신적 자립이나 성장, 모험 정신을 기꺼이 받아들이거나, 어딘가에 정착하거나, 더욱 느긋하게 행동하거나, 서두르지 않게 된다.

오늘날 오십 고개에 접어든 세대는 앞으로 2, 30년 정도 활동할 수 있기 때문에 이런 결정은 아주 의미가 있다. 그러나 그들의 부모 세대들은 일반적으로 65세경에 은퇴하고 남은 5~10년 동안 흔들의자에 앉아 여생을 보냈다. 하지만 앞으로 은퇴 시기가 55세에서 80세로 광범위해질 것으로 전망되는 지금 사정은 좀 다르다. 몸을 앞뒤로 흔들고만 있기에는 너무나도 아깝고 긴 시간이다.

조용히 서 있는 것은 아무것도 없다고 한다. 물리학 법칙에 따르면 살아 있는 조직은 성장하거나 파괴되기 시작한다. 이것은 마음이나 신체, 정신의 경우에도 마찬가지이다. 우리는 뻗어나가거

배우자, 친구, 자식, 자신이 속해 있는 집단 등 그 안에서 마음을 주고받는 유대감이 형성될 때 비로소 우리는 있는 그대로의 자신의 모습이 사랑스럽다는 것을 배우게 됩니다.

나 배우거나 확장되기도 하지만 위축되고 잊어버리고 수축되기도 한다. 나이 든 사람들 개개인이 얼마나 다를 수 있는지 생각해 보라.

나는 볼링과 수영을 즐기고 대학 강의를 듣는, 민첩하고 정력적인 90세 노인을 만난 적이 있다. 또한 집안일은 고사하고 신문조차 읽지 않는 허약한 70세 노인을 만난 적도 있다.

우리가 성장의 기회를 잡기 위해서는 안락한 지대에서 나와야 한다. 그렇게 하기 위해서는 용기와 훈련이 필요하다. 놀라움이 진정되고 나면 무수한 질문이 떠오른다. 내가 새로운 기술을 배울 수 있을까? 새로운 사업에 도전하기 위해 퇴직금을 투자해도 될까? 내게 등산할 수 있는 힘이 남아 있을까? 새로운 자아를 발견하기에는 너무 늦은 나이가 아닐까? 오늘의 즐거움을 위해 내일을 위한 비상금을 써도 될까?

우리에게 직면한 새로운 모험은 저마다 양면의 날을 지닌 칼과 같다. 한쪽은 정신적인 성장과 더불어 열정을 북돋울 기회가 이글거리고, 다른 한쪽은 위험의 그림자가 드리우고 있다. 우리는 상처받거나 힘겨운 일을 해내다 좌절하거나 실패의 쓴맛을 맛볼지도 모른다. 그러나 이런 것들이 두려워 안전지대로 물러서거나 정신적 성장의 기회를 잡지 않으면, 부쩍 늙어버리거나 고립감을 느끼게 될 것이다. 두려움 속에서도 모험을 감행해낼 때 젊고 활기찬 느낌으로 살아갈 수 있다.

어떻게 살아갈 것인지 머릿속에 남은 인생을 그려보기 전에, 무엇이 마음속의 열정을 불태우고 있는지 점검해 보고 잠재력을 확대시킴으로써 인생의 에너지를 증대시킬 방법을 모색해 보라. 당신은 늘 해보고 싶어했던 것에 대해, 맥박을 뛰게 하고 영혼에 활기를 불어넣을 모험에 대해 생각하고 있을지도 모른다.

의미 – 모든 삶에는 의미가 있다

젊을 때는 인생의 방향이 아주 명확해 보인다. 학교에 진학하고 직장을 얻고 배우자를 찾은 뒤에 좀더 나은 직장을 구한다. 하지만 인생의 후반기에 우리는 방향을 잃고 만다. 사십대 후반부터 방황이 시작되고 퇴직 이후 더 심각해지는데, 이때 우리는 좀더 의미 있는 것이 무엇인지 고민하게 된다.

이제는 더 이상 부모님을 기쁘게 해드리거나 동료들의 인정을 받는 것이 인생의 의미가 되어주지 못하기 때문에, 우리는 정체성의 위기를 느끼게 된다. 그러나 이 위기는 "나는 누구지?" 하고 묻는 존재론적 질문과는 차원이 다른 문제이다. 이것은 '의미'의 위기이다.

우리는 이렇게 질문한다. "도대체 무엇이 문제일까?" "나는 어떤 식으로 세상에 기여하고 있을까?" "내게 잠재력이란 게 있을까?" 우리는 개인적인 목적을 숙고하고, 어떻게 세상에 기여할 수 있는지 깊이 생각하며, 자기 이해와 성장을 기대하고 있다.

자신의 외적인 인간관계, 때로는 자연이나 하느님, 혹은 보다 높은 자아와의 관계를 추구한다. 돈 버는 것만으로 무언가 충분치 않을 때, 물질적인 소유만으로 만족스럽지 않을 때, 다른 사람들처럼 행동하는 것이 불만스러울 때, 우리는 다음 단계에 접어든다.

인간은 언젠가 죽어야 할 운명적 존재라는 것을 마음속에 각인하게 되면, 우리는 자신의 잠재력을 최대한 활용하고 우주와의 교감을 좀더 가까이 느끼며 세상에 공헌할 수 있는 일을 찾게 된다.

두 번째 성인기로 접어들면서 직업을 바꾸거나, 자원 봉사자가 되거나, 책을 쓰거나, 아이를 입양하거나, 공직에 출마하거나 교회의 지도자가 되거나 한다. 그렇지 않으면 '봉급을 받는 것' 이상의 의미 있는 활동을 통해 자신의 삶을 개혁하고 있다. 그만큼 목적의식이 삶의 한 방편이다.

다음의 일곱 가지 기술을 통해 우리는 마음의 평화와 열정, 목적을 좀더 캐내기 위해 삶을 긍정하는 이 다섯 가지 조건을 어떻게 향상시킬지를 탐구할 것이다.

위대한 삶은 영혼으로 태어나
정신 속에서 자라고 마음으로 영위된다.

PART 1

원하는 것을 생각하고
또 생각하라

― 분명한 비전과 강렬한 욕구가 밀려오게 하는 방법

인간은 운명의 포로가 아니다. 단지 자기 마음의 포로일 뿐이다.
— 루즈벨트 Franklin D. Roosevelt

위대한 삶은 영혼으로 태어나 정신 속에서 자라고 마음으로 영위된다. 한없이 행복하게 살아가는 사람들은 내면으로부터 삶의 기술을 터득하는 것 같다. 그들은 보통 사람들처럼 그저 살아야 한다고 생각하거나 습관적으로 살아가는 대신, 자신에게 맞다고 느껴지는 삶을 살아간다. 그들은 하고 싶은 것을 열정적으로 추구하고, 달성하고자 하는 것을 마음속에 그리고, 자신이 꿈꾸는 삶을 살아간다.

우리가 이런 사람들을 부러워하는 이유는, 그들은 자신이 하고 있는 일에 온전히 집중하여 아주 잘 해내고 있기 때문이다. 그들은 마치 성취하는 삶의 비결을 잘 알고 있는 것 같고, 또 그렇게 살아간다. 완벽한 삶은 꿈으로부터 시작된다는 데 그 비결이 있다.

최근에 작고한 위대한 재즈 싱어 로버터 헌터의 말 중에 이런 것이 있다. "이봐요, 꿈꿀 수 있으면 그것이 될 수 있어요(Honey, if you can dream it, you can be it)." 그리고 꿈은 내면에서 시작된다. 즉 자신은 무엇이 되어야 하는지, 지금 바라고 있는 것은 무엇인지에 대한 숙고로 열정적 삶이 시작된다.

목적을 명확히 하라

당신이 정신 지향적인 사람이라면 이미 이 문제를 연구했을지도 모른다. 동양철학에 따르면 우리에게는 누구나 다르마(dharma), 즉 인생의 목적―우리가 타고난 재능에 유일하게 적합한 어떤 것―이 있다고 한다.

자신이 하고 있는 일을 사랑하고 세상을 좀더 나은 곳으로 만들기 위해 자신의 독특한 재능을 사용하고 있다면, 당신은 이미 자신의 목적을 위해 일하고 있는 것이다. 하고 있는 일이 자신에게 맞지 않는다는 느낌이 든다면, 아직 자신의 목적을 위해 일하고 있지 않은 것이다.

얼마 전에 나는 정부 방위산업 계약업체의 고위 간부들이 참여하는 팀 발전 미팅을 주관한 적이 있다. 사전 인터뷰를 하면서 나는 팀의 구성원 중 한 명이 높이 평가받고 있다는 사실을 발견했다. 그는 각 구성원들에게 진정한 공헌자로 비춰지고 있었다. 그렇지만 놀랍게도 그는 팀에서 나갈 계획을 세우고 있었다. 그는 별 무리 없이 일을 잘해냈으며 함께 일하는 사람들도 좋아했음에도 불구하고, 자신이 종사하는 산업의 사명과 자신의 가치관을 조화시킬 수 없었다고 내게 말했다.

그는 평화주의자로서 비폭력의 원리를 열렬히 신봉하고 있었다. 그는 자신과 일이 잘 맞지 않는다는 사실을 처음에는 인정하기가 어려웠다고 말했다. 무엇보다 안정된 직장이었고 봉급도 상당히 많이 받는 편이었기 때문이다. 그리고 동료들로부터도 존경을 받았다. 그는 끊임없이 떠오르는 생각들을 의식의 뒤편으로 밀어넣은 뒤, 회사에 대해 긍정적으로 말했다고 한다. 그렇지만 자신이 사기꾼 같다는 느낌을 지워버릴 수가 없었다.

마침내 사십대 중반에 그는 내면의 목소리에 귀를 기울이기로 결심했다. 그는 내면의 갈등이 점점 더 심해져 갔다. 그리고 이제 그는 점점 변화를 두려워하지 않게 되었다.

자식들은 다 자랐고, 저축해 놓은 돈도 상당히 많았다. 또한 경험이 풍부해 재취업을 하기에도 유리했다. 사실 그는 이미 방위 산업체가 아닌 여러 공업 회사로부터 스카우트 제의를 받고 있었다. 그는 방위 산업계를 떠남으로써 내면의 부조화 문제를 해결해야 한다는 사실을 잘 알고 있었다. 그는 진정한(참된) 삶을 살며 내면의 평화를 깊게 경험하고 싶었다.

목적과 열정은 내면의 평온감과 동전의 양면 같은 관계다. 우리는 오랫동안 방치했던 젊음의 열정으로 되돌아감으로써 인생의 진로를 바꾼 사람들의 이야기를 많이 알고 있다.

첼리스트로 활발하게 활동하던 한 젊은이가 자신의 뜻을 접고 엔지니어가 되었다. 그의 양친이 음악가들의 운명은 비참하다고 말렸기 때문이다. 몇 년 뒤 치명적인 병에 걸려 살 날이 얼마 남지 않게 되자, 그는 첼로 연주에 대한 열정에 다시 사로잡혔다. 얼마 남지 않은 삶을 위해 첼로 연주를 하던 어느날, 그는 기적적으로 건강을 완전히 회복하였다. 그는 이제 콘서트 첼리스트로서 두 번째 인생을 살고 있다.

어느 수녀가 직장에 들어가기 위해 수녀원을 떠났다. 그녀는 비서일부터 시작해 인사담당 이사, 중역을 거쳐 마침내 최고 경영자가 되었다. 그리고 몇 년 뒤 비영리 단체를 돕기 위해 CEO 자리를 그만두었다. 그녀는 회사 봉급의 몇

분의 일밖에 안 되는 돈을 받았지만, 헤아릴 수 없이 의미가 큰 삶을 살게 되었다.

필요 충족을 위해 자신의 독특한 재능을 발휘하면 행복해질 뿐만 아니라 보기 드문 성공을 거두기도 한다. 이것은 디팍 초프라 박사가 《성공을 부르는 7가지 마음의 법칙 : 당신의 꿈을 이루게 해주는 실제적인 안내서(The Seven Spiritual Law of Success : A Practical Guide to the Fulfillment of Your Dreams)》에서 충분히 설명하고 있는 다르마(dharma)의 법칙이다. 그렇다면 자신이 무엇을 좋아하는지를 어떻게 알 수 있을까?

규칙적으로 시간을 내어 정적 속에서 자신을 들여다봄으로써, 내적인 자아에 대해 알게 되고 사람들과의 외적 관계를 심화시킬 수 있다. 일상생활의 혼란을 조금이라도 떨쳐버리고 내적인 상태를 좀더 드러내기 위해 자연을 벗삼아도 좋다.

바로 대답을 발견하지 못할지라도 당신은 겹겹의 껍데기를 벗겨내고 빛을 느끼기 시작할 것이다. 당신의 잊고 있었던 열정을 찾아내기 위해 다음의 세 가지 질문을 숙고해 보는 것이 좋다.

1 특별한 생동감이 느껴질 정도로 자신이 하고 있는 일을 사랑하고 있는가?
2 직관적으로 자신의 긍정적인 특성을 표현하고 있는가?
3 인류가 필요로 하는 것을 충족시키고 있는가? 어떻게든 세상을 좀더 나은 곳으로 만들고 있는가?

이런 질문들에 모두 '네' 하고 대답할 수 있다면, 당신은 자신의 인생이 의미 있고 충족적이라 느낄 것이다. 자신의 흥미에 집중하면서 새로운 하루하루를 아주 기쁘게 시작할 가능성이 높다.

'아니오'라고 대답한다면, 당신은 힘들게 일하고 있으면서도 실제로 큰 보람을 느끼지 못하고 쉽게 지칠지도 모른다. 또한 당신은 자신의 아주 특별한 재능을 사용하고 있지 않다는 사실을 깨달을지도 모른다. 당신은 유능하고 심지어 성공을 거두었을지 모르지만, 강렬한 목적의식은 못 느낄 것이다.

80세가 훨씬 넘을 때까지 산다고 가정할 경우, 30년 동안의 은퇴생활이 어떠할지 상상할 수 있는가? 당신은 모험을 추구하거나 지식을 늘리거나 무엇인가를 사회에 환원할 가능성이 높다. 자신의 목적을 더 탐구하고 싶으면, 다음에 소개하는 방법 중의 하나를 수행해 보라.

목적을 아는 것은 삶의 축복이다

잭 캔필드의 〈자부심과 최고의 성취(Self-Esteem and Peak Performance)〉라는 오디오테이프 프로그램을 개조한 이 방법들을 수행하기 전에 혼자 있을 수 있는 고요한 장소를 찾는다. 그리고 나서 조용히 앉아 두세 번 심호흡을 한다.

마음이 가라앉은 느낌이 들면 자신이 아름다운 빛을 향해 걸어 올라가고 있다고 상상한다. 빛 가까이 다가가면 누군가 두 팔을 쭉 뻗어 당신에게 상자를 건네주는 것을 볼 수 있다. 당신의 목적이 그 안에 있다.

좀더 가까이 다가서면서 따스함과 사랑을 느껴본 뒤 상자의 리본과 색깔, 그리고 크기에 주목한다. 상자를 고마운 마음으로 받고 나서 풀어본다. 그 안에서 무엇이 보이는가?

무엇이 보이든 그것은 당신의 독특한 목적을 상징할 것이다. 최근 어느 모임에서 한 남자는 상상 속의 산책에서 책을 받았기 때문에 자신의 목적은 글을 쓰는 일이라고 설명했다.

어떤 여성은 마음이 들어 있는 선물상자를 받았기 때문에 자신의 목적은 사람들에게 사랑하는 법을 가르침으로써 세상을 치유하는 일이라고 말했다.

또 다른 사람은 꽃과 새끼 고양이를 발견했다. 그녀의 목적은 성장에 관한 것이었다.

상자 속에서 아무것도 보지 못했다면, 긴장이 완화되고 마음이 가라앉았을 때, 또는 밤에 잠들기 직전에 다시 시도해 보라.

내면의 눈이 일상적인 일로 눈길을 돌리면 생각이 사라지기 쉬우므로 정신을 차렸을 때 적을 수 있도록 침대 옆에 메모장을 놓아두라. 만일 당신이 생생하게 마음에 떠올린 것이 이해되지 않더라도 걱정하지 말라.

본 것을 적어두라. 그러면 나중에, 전혀 기대하지 않고 있을 때 그 의미를 저절로 알게 될 것이다.

우리는 이제 더 이상 다른 누군가의 꿈을 좇고 싶지 않습니다.
나만의 꿈을 실현시키는 삶을 살고 싶습니다.

자신의 재능을 인류가 필요로 하는 일에 발휘한다

디팩 초프라의 '최소 노력의 법칙'에 대한 설명에 따르면, 인류가 필요로 하는 것을 위해 자신의 독특한 재능을 발휘할 경우 많은 부(富)가 저절로 흘러 들어온다고 한다. 이것은 "좋아하는 일을 하라. 그러면 돈이 뒤따를 것이다"라는 생각의 밑바탕에 깔려 있는 것과 같은 원리이다.

자신의 목적을 명확히 하기 위해 자신만의 독특한 재능을 나열해 볼 수도 있다. 자신만의 긍정적인 독특한 특성들, 즉 자신이 특별히 지니고 있다고 생각되는 것, 다른 사람들이 자신을 표현할 때 말하는 것을 죽 나열해 본다.

예를 들어 당신은 통찰력이 있거나, 상상력이 풍부하거나, 논리적이거나, 멋이 있거나, 매력적이거나, 재치가 있거나, 재미있거나, 직관적이거나, 따뜻하거나, 애정이 깊거나, 강하거나, 자신만만하거나, 신뢰할 만하거나, 끈질기거나, 설득력이 있거나, 사람들에게 힘을 주거나, 카리스마가 있거나, 감정이 풍부하거나, 온화하거나, 협동심이 있다고 표현될지도 모른다.

자신의 특성을 확신할 수 없으면, 주위 사람들에게 자신의 긍정적인 주요 특성이 무엇이라고 생각하는지 물어보라.

이번에는 자신을 가장 잘 드러내는 두세 가지 특성을 고르고, 그런 특성들을 어떻게 표현하기를 좋아하는지 생각해 보라. 예를 들어 당신의 특성이 재치 있고 주의 깊으며, 인생이라는 드라마에 대해 이야기하기 좋아한다면, 당신은 소설가나 극작가, 혹은 스탠드업(무대에서 혼자서 연기하는 것) 코미디언이 되어 사람들이 조화로운 인생을 살아갈 수 있도록 고무시킬 수 있을 것이다.

또한 당신이 자신의 특성들을 그림을 통해 표현하는 것을 좋아한다면, 당신은 풍자화를 그리거나 재미있는 청첩장, 유머러스한 광고 캠페인을 통해 세상에 해학을 선사할지도 모른다.

질문만 하라

《무절제한 식사를 그만두라(Stop Out-of-Control Eating)》(예수 그리스도가 저명한 심리학자 헬렌 슈만에게 구술해 씌어졌다는 채널링 서적 《기적의 길(A Course In Miracles™)》에 근거를 두고 있는 책. 채널링은 영적인 존재가 사람(channeler)의 육체에 침입해 그 신체를 빌려 이야기하는 과정을 말한다)에서 저자 카렌 앤 벤틀리는 자신의 목적을 발견했을 때 단도직입적으로 접근할 것을 제안하고 있다. 그녀는 우리는 질문만 해야 한다고 말한다.

조용히 앉은 뒤에 두세 번의 심호흡을 통해 긴장을 풀고 나서 마음이 가라앉고 집중되면 — 말하자면 모든 채널이 열리면 — 다음 질문을 던져본다.

"저에 대한 당신의 뜻은 무엇입니까?" 당신은 하느님이나 보다 높은 자아, 우주, 혹은 당신이 사랑과 지혜라 여기는 존재 쪽으로 방향을 돌려 질문을 던질 수 있다.

자신의 목적이 무엇을 향해 있는지 듣지 못했다면

날마다 15분에서 30분 동안 조용히 앉아 있는 습관을 들이라. 아무것도 하지 말라. 그저 질문을 던지고 듣기만 하라.

내면의 목소리를 적어라

종이에 자신의 삶의 목적을 적어본다. 아래에 제시된 서식에 따라 쓰기 시작한다. 억지로 적으려 하거나 분석하지 말고 그냥 무언가 흘러나올 때까지 기다린다.

무엇인가 마음을 사로잡을 때까지 여러 가지 진술을 적으라. 인내심을 가져라. 자신의 목적이 저절로 드러날 것이다.

나의 열정 진술서

나는 다른 사람들이 _____
_____ 할 수 있도록 돕기 위해
_____ 등을 함으로써

_____와(과) _____등의
나의 긍정적인 특성들을 표현하는 것을 좋아한다.

  자신이 해야 할 것이 무엇인지 아직 명확하지 않다면, 잠시 이 질문을 떠나 자신의 본성으로 돌아가는 것에 대해 생각해 본다. 계속 탐구하고 싶다면 접근방식을 약간 바꾸어본다. 당신은 명상적인 접근방식을 취하고 다른 질문을 던질 수도 있다.

  침묵 속에서 숙고할 수 있는 조용한 장소를 찾는다. 편안히 앉은 뒤 여러 번 숨을 깊게 들이쉬고 천천히 내뿜는다. 눈을 감고 내면이 고요해지면 질문을 던진다. "어떻게 다른 사람들에게 도움이 될 수 있을까?" 그냥 이미지나 소리, 혹은 말이 떠오르기를 그냥 기다리기만 한다. 무슨 메시지인지 알 수 없으면 그것을 글로 적는다.

  나중에 그 의미를 깨닫게 될 것이다. 답이 나오지 않으면 명상을 끝낸다. 이후에 답이 머릿속에 불쑥 떠오를지도 모른다.

인지적인 접근방식을 취하기 위해서는 펜과 종이를 들고 앉아 다음과 같은 두 가지 질문에 대답한다.

1. 내가 선천적으로 좋아하는 것이 무엇이며, 남다른 재능은 무엇인가?(건축, 작곡, 분석, 문제 해결, 위험 감수, 유머, 판매, 이야기하기 등)

2. 내가 이 세상에서 딱 한 가지만 개선할 수 있다면, 그것이 무엇일까?

이 두 가지를 하나로 결합시키면 의미 있는 인생의 방향이 보일지도 모른다. 인류에게 필요한 것을 충족시키기 위해 독특한 재능을 사용하면, 그 결과 커다란 부를 축적할 수 있다는 디팍 초프라의 현명한 조언을 잊지 말라.

직업을 바꾸는 사람들이 모두 정연한 순서에 따라 결정을 하지는 않는다. 일부 중년들은 직관만을 따른다. 그들은 자신이 하고 싶은 것과 그동안 해온 것이 서로 많이 다르다는 사실을 그냥 알 수 있다.

케빈 헬레커가 최근에 쓴 〈월 스트리트 저널〉의 한 기사는, '전문적인 서비스 분야에서 피트니스 트레이닝 분야로의 집단적 대이주'라는 흥미로운 경향에 대해 자세히 적고 있다. 그 기사는 치과의사와 회계사, 변호사, 컴퓨터 전문가들의 중년 대이동에 대해 기술했다. 이와 함께 건강을 증진시키고, 다른 사람들에게 도움을 주며, 좀더 밀접한 인간관계를 맺고, 다른 사람들의 삶을 긍정적인 쪽으로 이끄는 힘에 관해 자세히 이야기했다.

47세의 한 치과의사는 현재 예전 수입의 3분의 1밖에 벌지 못하지만, 고객들이 환자들보다 자신을 더 높이 평가하고 있다고 설명했다. 사람들이 보다 건강하게 오래 살 수 있도록 도와줌으로써 자신이 참된 변화를 이끌어냈다는 사실을 알게 되면서 그는 강렬한 흥미의 집중점을 찾게 되었다.

컴퓨터 프로그래머였다가 지금은 스포츠 트레이너가 된 또 다른 이는, 날마다 '내가 나인 것이 얼마나 다행한 일인가' 라는 생각을 하면서 잠에서 깨어난다고 이야기해 주었다.

40세의 한 텍사스 변호사는 나쁜 시절이 다 지나가고 좋은 시절이 왔는데 어떻게 그것을 포기할 수 있겠느냐며 자신의 전공을 무시해 버렸다.

어떤 사람들은 자신의 목적이 나타나는 때를 그냥 안다. 어떤 논리적인 이유로도 소명받은 일을 하려는 그들의 직관적인 충동을 물리칠 수 없다.

원하는 인생의 비전을 만들라

자신이 어디로 가고 있는지 알게 되면, 원하는 인생의 비전을 만들기 위해 세부적인 사항들을 구체화시킬 수 있다. 변화를 낳기 위해 할 수 있는 일이 무엇인지 확신할 수 없더라도 걱정하지 말라. 나중에 밝혀질 것이다.

사실 일부 중년의 사람들은 '이상적인 삶' 에 대해 숙고하자 자신의 목적이 명확해졌다고 내게 말했다. 이렇게 준비가 되면 어떤 삶을 살고 싶은지 명확하게, 그리고 자신이 끌려 들어갈 수 있도록 밑그림을 그리기 시작한다.

삶을 개혁하기 시작했을 때 나는 46세였는데, 당시 나는 모든 것을 다 갖춘 것 같았다. 훌륭한 남편에 성공적인 컨설팅 일, 두 권의 책 집필, 지역사회에서 리더십을 발휘할 수 있는 기회, 안락한 생활양식……. 그럼에도 불구하고 무엇인가를 놓치고 있는 듯한 느낌을 지울 수 없었다.

나는 삶, 직업, 인간관계, 목적의식 등 모든 면을 문제삼았다. 주위 사람들은 내가 중년의 위기를 겪고 있다고 말했다. 사실 삶의 전환점에서 그것은 위기였을 것이다. 그러나 지금 생각해 보면 그것은 여행과도 같았다. 이제 나는 가야 할 방향이 보다 명확하고, 날마다 좋아하는 일을 한다. 내 인간관계는 좀더 깊어지고, 나 자신을 좀더 소중히 돌본다. 그렇지만 나는 또한 이런 과정이 끝이 없다는 것도 알고 있다. 좀더 높은 고원들이 기다리고 있을 뿐이다.

로버트 프로스트(Robert Frost, 미국의 시인. 1874~1963)가 썼듯이 "나는 잠들기 전에 몇 마일의 길을, 잠들기 전에 몇 마일의 길을 더 가야 한다"(〈눈 내리는 숲가에 서서〉에서). 나는 아직도 판단하지 않고 받아들이는 법과 마음을 따르는 법, 길잡이가 되는 것을 구하는 법을 배우고 있다.

여느 여행과 마찬가지로 보다 나은 삶에 이르는 길도 분명한 행선지와 특별한 경로가 있다. 도착하고 싶은 올바른 곳으로 제대로 가고 있는지 알려주는 확실한 이정표가 있다면 그보다 더 고무적인 일은 없다. 그러므로 자신이 행선지로 삼은 곳을 생각하라. 그리고 그곳이 얼마나 보고 싶은지, 어느 부분에 대해 깊이 탐구하고 싶은지, 어떤 곳이 재미있을지, 떠나기 전에 어떻게 준비할지 등에 관해 생각해 본다.

지금으로부터 1년 뒤의 비전을 위한 여행을 떠났다고 가정하고, 영혼을 만족시키는 새로운 삶에 대해 친구에게 편지를 쓰고 있다고 가정해 본다. 어떤 모습의 삶인가?

당신은 자신이 좋아하는 일을 어떻게 착수하게 되었고, 그럼으로써 그 이전과 이후에 어떤 차이가 있는지 설명하면서 이야기를 시작할지도 모른다. 그리고 나서 무엇이든 마음속에 떠오르는 삶의 세부적인 사항들을 덧붙일 것이다(어디에서 살고 있는가, 누구와 사랑을 나누고 있는가, 무엇을 배웠는가, 날마다 어떻게 인생을 즐기고 있는가 등).

이미 그런 인생을 살고 있는 것처럼 자신이 원하는 인생을 묘사하는 것이 좋다. 당신은 다음의 세부적인 사항 가운데 하나를 포함시켰을지도 모른다.

내 노력이 _____에 집중되고 있다.
일반적으로 나는 _____를 느낀다.
다른 사람들과의 인간관계는 _____.
나는 _____ 환경 속에 놓여 있다.
내 재정상태는 _____.
나는 _____ 함으로써 차이를 낳고 있다.
육체적으로 나는 _____.
정신적으로 나는 _____.
내 인생의 새로운 모험 중에는 _____ 등이 포함되어 있다.
나는 _____에서 큰 기쁨을 찾고 있다.

이상적인 삶은 목적에 기반을 두고 있고, 핵심적인 기호(嗜好) 위에 구축되며, 개인적인 욕구로 장식된다. 비전이 상세할수록 그것을 실제로 경험할 가능성이 더욱더 높아진다. 일상생활 속에서 시간이 여유로울 때, 당신이 바라는 모든 것에 주의를 집중시켜라. 인생에서 원하는 것이 무엇인지, 사랑인지, 돈인지, 아니면 바다가 내려다보이는 경치 좋은 언덕에 집을 얻는 일인지 알아내라. 개혁된 삶 속에서 원하는 것은 무엇인가? 이런 바람들을 종이에 적고 그 목록을 읽어보라.

이제 당신에게는 목적에 부합하는 삶의 다양한 측면이 어떤 형태로 나타날지 묘사한 목록이 있다. 당신은 이 새 영역에서 확인한 것을 이용해 자신이 알고 싶은 삶의 본질에 대한 두세 줄의 비전 진술서를 작성하고 싶을 것이다. 당신이 이후에 읽고 상상하고 상징화할 바로 그것이다.

당신을 시작하게 만들 서식 하나를 소개한다. 어떤 식으로든 마음대로 수정해 당신 것으로 멋지게 만들라.

내가 의도하는 삶

나는 좋아하는 일을 하고 있다 : _____
_____ 에서 _____
_____.
나의 훌륭한 삶에는 이런 것들이 포함된다 : _____
_____

나는 ＿＿＿＿＿＿＿＿＿＿＿＿＿ 느끼고 있다.

그리고 다른 사람들이 ＿＿＿＿＿하도록 돕고 있다.

나는 ＿＿＿＿＿＿＿＿＿＿＿＿＿

＿＿＿＿＿＿＿＿＿＿＿＿＿에 감사하고 있다.

일단 당신이 비전 진술서를 정성껏 만들었다면 그것을 프린트하라. 그것을 액자에 넣거나 지갑에 넣을 수 있도록 축소해 놓거나, 코팅을 하거나, 포스트잇에 적은 뒤, 손쉽게 볼 수 있는 장소(예를 들어 욕실 거울, 자동차의 계기반, 냉장고, 전화)에 걸어놓거나 붙여놓아라.

자신의 열망에 날개를 달아라

일단 자신을 고무시키는 목적과 바라는 꿈이 있다면, 당신은 삶의 변화를 위해 계획을 세울 준비가 되어 있는 것이다. 당신은 목적과 관련된 목표들을 설정하고 행동함으로써 꿈을 현실로 바꿀 준비가 되어 있다.

목표가 없으면 인생이라는 바람에 휘둘리게 된다. 이리저리 떠다니거나 소용돌이에 휩쓸리거나 높이 떠오를지 모르지만, 바람이 잦아들면 단 한 걸음도 앞으로 나아가지 못한다. 하지만 꿈을 좇아 살아가는 순간 당신의 열정에 연료가 공급되고 당신의 영혼 깊숙한 곳에서 엄청난 에너지를 끌어올릴 수 있다. 목표들이 당신의 에너지를 집중시키고 당신을 무사히 행선지에 도달하게 해준다.

행동으로 옮기기 위해 세운 계획은 당신이 꿈을 향해 나아갈 때 당신을 이끌어주는 징검다리 역할을 해줄 것이다. 이 말을 잊지 말고 명심하라. 늘 해오던 일을 계속하면 늘 얻었던 것을 계속해서 얻을 뿐이다. 다른 삶을 살아가려면 다른 방식으로 행동해야 한다.

좋아하는 일을 하는 것과 자그맣게 세상의 변화를 야기하는 것, 원하는 것을 갖게 되는 것 등을 포함해 자신의 비전이 성취될 경우, 영혼까지 만족시키는 삶으로 좀더 다가가게 해줄 5~8개의 폭넓은 목표를 나열해 보도록 하라.

예를 들어 이 목록에는 다음과 같은 것들이 포함될지도 모른다. 자연으로 관심을 돌리는 것, 조용히 숙고하는 것, 보다 많은 사랑을 받는 것, 자신의 재능을 활용하는 것, 신체적으로 건강해지는 것……

우선 목표에 도달할 수 있는 기회를 늘리려면 제한시간을 두고 측정이 가능한 특정 행동방침들을 생각해 본다. 이 행동들은 중요한 일이거나 사소한 일일 수 있고, 장기적일 수도 단기적일 수도 있다. 그렇다면 당신이 보다 목표에 근접할 수 있게 해줄 행동들을 나열해 본다. 예를 들어 당신의 목표가 스트레스를 줄이는 것이라면 당신의 목표, 방침 목록은 다음의 것과 비슷할지 모른다.

스트레스를 줄이기 위한 행동 방침(샘플)

- 카페인이 들어 있는 음료를 하루에 두 잔 이내로 줄여라.
- 평소에 최소한 7시간은 자라.
- 일주일에 한 번씩 정신을 정화시키는 음악에 귀를 기울여라.
- 일주일에 3번 30분씩 명상하라.
- 일주일에 3번 30분씩 운동하라.
- 일주일에 최대 50시간만 일하라.
- 한 달에 한 번 관리 업무를 위임하라.
- 일주일에 하루는 집에서 일하라.

아마 이것은 목표(예컨대 보다 높은 자부심)는 원하는 대로, 방침(예를 들어 올해에는 학위를 마친다)은 계획한 대로 성취하는 데 이정표 역할을 해줄 것이다. 방침은 행위이다. 위의 방침들은 행위 동사, 즉 당신이 스트레스를 줄이고자 하는 목표에 도달하기 위해 할 수 있는 것들이다.

목표는 당신이 바라는 어떤 것, 즉 당신이 살아가면서 되고 싶었거나 보고 싶었던 어떤 것이다. 방침은 당신이 목표에 좀더 근접하기 위해 실천하려는 어떤 것이다. 이제 당신은 5~8개의 중요한 삶의 목표를 정하고 당신이 목표에 좀더 근접하기 위해 취할 수 있는 여러 행동들을 나열해 본다. 이때 마음 내키는 대로 적는다. 형식에 구애받을 필요는 없다.

필요할 경우 시간적 요소를 추가하고 행동 방침들을 좀더 개별화해 볼 수 있다. 하지만 지금은 자신의 열망에 날개를 달아줄 것들만 생각한다.

일단 방침 목록을 작성했으면 측정할 수 있는지 하나하나 점검해 본다. "측정되는 것은 이루어진다." 그렇다. 이것은 직장생활에서뿐만 아니라 개인생활에서도 마찬가지이다. 원하는 걸 해냈을 때 성취한 것을 체크하고 방침들을 발전시킨다. 당신은 "네, 그렇게 했습니다"라고 말할 수 있어야 한다.

이런 이정표들을 토대로 성공을 이루어내면 에너지를 확보해 계속 앞으로 나아갈 것이다. 자신이 진보한 것을 자각하면 계속적으로 진보를 원하게 된다.

자신의 진보를 확인하는 방법은 행동 방침들을 정하고 그것들을 해내고 성취한 부분을 체크하는 것이다. 자신이 각 방침을 언제 성취했는지 알 수 있도록 최종 시한을 추가한다. 그러면 긴박감이 생길 것이다. 최종 시한을 통해 당신이 얼마만큼 성취했는지 알게 된다. 그러므로 보다 책임감을 갖기 위해 자기 자신에게 책임을 지우는 최종 시한을 설정하라.

일단 행동 목록을 발전시켰으면 성취한 목록을 벽에 붙여놓고 날마다 바라보면서, 새롭게 달성한 목표의 항목을 체크한다. 성공 여부를 흑백으로 표시하면 자극이 될 것이다. 성취된 목록이 늘어나면 새 단계를 추가하고, 정기적으로 달성되지 않은 목표들을 점검하라. 그리고 그것들이 중요하지 않다고 판단되면 선을 그어 지운다.

나는 목적과 비전, 가치들(그리 자주 바꾸지 않는)을 모두 한 페이지에, 보다 중요한 목표들과 행동 방침들을 또 다른 페이지에 타이핑하기를 좋아한다. 이것은 단순한 서류 이상의 의미가 있다. 그것은 살아 숨쉬는 작업이기 때문이다.

어떤 것이 가장 효과가 있을지 깊이 생각하고 결정하라. 어떤 사람들은 매일의 방침들을 일주일 단위의 계획표에 다시 옮겨적는다. 매일 목표대로 행동하고 있는지 확인할 수 있는 좋은 방법이다.

우리가 목표들을 성취하기 위해 동기를 부여하는 것도 좋은 아이디어이다. 앞에서 언급한 대로 행동 방침들은 명확하고 측정할 수 있으며 시간 요소를 포함하고 있어야 한다. 또 동기 부여의 기대 이론에 따르면, 두 가지를 기대할 경우 목표들을 성취할 가능성이 더 높아진다. 최상의 동기 부여에 의해 당신은 목표들을 달성할 수 있는 것이고, 그것들이 어떤 대가를 가져다줄 것이라고 믿어야 한다.

먼저 두 번째 조건을 생각해 보자. 목표들이 자신의 무엇과 관련이 있는지 살펴보라. 바꾸어 말하면, 이런 목표들을 당신 스스로 정했는가, 아니면 다른 누군가가 대신 정했는가이다. 목표들의 연관성을 생각해 볼 때 참고할 만한 한 가지 방법은 그것들을 성취하고 싶은 이유를 자신에게 물어보는 것이다.

그것들을 성취할 때 어떤 느낌이 들까? 그 대답이 비본질적인 대가(다른 사람들을 기쁘게 하거나 인정을 받는 것)와 관련되어 있다면 당신은 성공을 위한 열의를 보이지 않을 것이다. 만약 성공을 하더라도, 그것은 공허한 승리일 뿐이다.

당신은 기쁨이나 성취감을 못 느낄 것이다. 반면에 당신의 대답이 본질석인 대가(자신에게 적당하다고 생각하는 일을 하는 것, 목적을 달성할 수 있도록 돕는 것, 진실로 바라는 것을 얻는 것)와 관련이 있다면, 그 결과는 당신에게 큰 의미가 있을 것이다.

이번에는 성취 가능성이라는 조건에 대해 생각해 보자. 이것은 닭과 달걀의 문제—어느 쪽이 먼저냐?—와 약간 비슷하다. 당신은 분명히 달성할 수 있다고 여겨지는 목표들을 설정할 것인가, 아니면 목표들을 달성할 수 있다는 자신에 대한 믿음을 높이 증가시킬 것인가. 내 생각에는 둘 다인 것 같다.

많은 난관을 맞이하도록—내일 성취할 수 있는 것도 있고, 먼 미래에 성취할 수 있는 것도 있다—많은 목표를 설정하라. 이와 동시에 무엇이든 원하는 존재가 될 수 있다거나, 원하는 일을 할 수 있다거나, 원하는 것을 가질 수 있다는 믿음을 굳건히 다지기 위해 명상하고 숙고하면서 자신의 의도에 주의를 집중시킨다.

다음 장에서 우리는 이런 긍정적인 믿음 체계를 유지함으로써 꿈의 실현 가능성을 높이기 위해, 당신이 무엇을 할 수 있는지를 탐구하게 될 것이다.

당신의 꿈에 이르는 길은

꿈에 이르는 징검돌은 작거나 혹은 크거나, 아니면 미끄럽다.
어떤 것은 당신의 지친 발이 밟기에
너무 거칠고 울퉁불퉁하기까지 하다.

어떤 것은 다리가 거의 닿지 않을 정도로
멀리 떨어져 있다.
어떤 것은 해안가의 둥근 자갈처럼
서로 포개져 있다.

어떤 경우에는 신념을 갖고 껑충 뛰어야 할 것이며
어떤 경우에는 균형을 잃지 않고 움직여야 할 것이며
몇몇 징검돌은 보기 드문 은총을 필요로 할 것이다.
대부분의 경우에는 당신의 기량과 재능을 요구할 것이다.

당신은 길을 알고 있다. 그러니 시작하기만 하라.
그리고 꾸준히 페이스를 유지하라.
기지개를 켜고 쉬라. 당신은 곧
특별한 곳에 도착한 것을 알게 될 것이다.

― 수잔 월리스 조글리오

성취하는 삶을 책임진다는 것은 인생의 나날을
어떻게 사용할 것인지를 선택하는 것이다.

PART **2**

변화를 방해하는
오래된 습관을 버려라

— 꿈을 실현시키기 위해 지금 당장 할 수 있는 방법

자신을 지배할 수 없으면 아무것도 하지 말라! — 펜 William Penn

　　　자신의 행복을 책임진다는 것은 과거와 현재, 미래에 대응하는 자신의 방식을 신중하게 선택하는 것을 의미한다. 당신은 과거를 묻어버리고 무의식적으로 자멸적(自滅的)인 습관들을 고용해, 당신이 원하는 인생을 고의로 방해할 수 있다. 반대로 자신의 과거를 탐구하여 자신의 행동을 방해하는 부정적인 패턴들을 없애버릴 수도 있다.

　당신은 현재의 삶에서 희생자의 자세를 취할 수도 있고, 무엇이든 자신이 필요로 하는 상황을 만들어내겠다고 결심할 수도 있다. 당신은 어디로 가고 있는지도 모른 채 맹목적으로 미래를 향해 걸어갈 수도 있고, 미래를 설계한 뒤 그 의도에 맞추어 행동할 수도 있다. 그 선택은 당신에게 달려 있다.

좋지 않은 습관은 고의적으로 성공을 방해한다

　인생을 개혁할 생각이라면, 현재 자신이 원하는 인생을 방해하는 듯한 패턴들을 살펴보는 것이 좋다. 이런 패턴들에 대해 제대로 이해한다면 이를 수정할 수 있는 좋은 기회이다. 어떤 행위가 자신의 성장을 돕는지, 어떤 행위가 발전을 방해하는지 알게 되면 앞으로의 삶의 방향을 모색할 수 있고, 일련의 목표들이 당신을 성공으로 이끌 것이다. 이 장은 당신의 성공을 고의로 방해할지도 모르는 이런저런 패턴들과 마음을 괴롭히는 죄책감, 부정적인 자아에 대해 인지할 수 있도록 도와줄 것이다.

　그럼 나의 개인적 경험에 대해 이야기해 보겠다. 나는 오랫동안 지독한 이상 추구자로 살아왔다. 어릴 적부터 다른 사람들과 나 자신을 책임져야 했던 나는 그때부터 내가 성인기 초기에 성공할 수 있도록 도와주었던 패턴들을 발전시켰다. 그런 적극성 때문에 나는 대학원 과정을 마친 뒤 책을 써서 상당한 수입을 올렸고 많은 사람들의 변화에 일익을 담당했다. 하지만 그 순간부터 "더 많은 작업을 해야 한다." "모두 혼자 힘으로 해야 한다." "다른 사람들을 계속 행복하게 해주어야 한다." 등 어린 시절의 대본이 나를 전혀 이해할 수 없는 상태에서 표류하게 만들곤 했다.

좀더 많은 글을 쓰고 균형 잡힌 삶을 살고 싶었던 나였지만, 오랜 삶의 패턴들은 나의 성공을 고의로 방해하고 있었다. 언제나 남을 돕고 싶어하는 마음에 너무 많은 일에 책임을 지게 되었다. 모든 일을 아주 정연하게 처리하고, 이런 일들을 거의 혼자 했기 때문에 상당히 힘에 겨웠다.

따라서 나는 의미 있는 일에 초점을 맞추고, 나 자신만의 시간을 가져보고, 나 자신의 욕구에도 관심을 기울여 필요할 때 도움을 요청하는 법을 배워야만 했다. 어떤 죄책감이나 불편한 마음의 그늘이 남아 있더라도 참고 견디면서 내가 이를 잊지 않았더라면, 나는 좀더 생산적이고 보다 많은 기쁨과 평화를 경험했을 것이다.

내면으로부터 느껴지는 삶을 설계하기 전에, 내면의 자신을 좀더 잘 아는 것이 필요하다. 조금 시간을 내어 '당신을 움직이게 만드는 원동력'과 '당신 생활을 돌아가게 만드는 것'에 대해 숙고할 필요가 있는 것이다. 자신이 원하는 것을 방해하고 있는 습관들에 대한 예리한 인식을 가지게 되면, 보다 원활한 상태에서 당신의 에너지를 건설적인 방향으로 돌릴 수 있을 것이다. 당신은 장애물들을 제거하고 그동안 꿈꾸어 온 삶을 살게 될 것이다.

생활 태도를 바꾼다는 것은 대개 과거와 다르게 생각하고 행동하는 것을 의미한다. 이것은 아주 간단해 보일지 모르지만, 사실

평소대로 계속하면 늘 손에 넣었던 것만을 얻을 뿐이다. 그러므로 새로운 삶을 원한다면 효과 없는 일을 중단하고 새로운 행동 패턴을 확립해야 한다. 그러나 오래된 습관 때문에 단점을 잘 알고 있음에도 불구하고, 패턴을 바꾼다는 것이 여간 힘든 것이 아니다.

새 삶을 형성하는 첫 단계는, 꿈꾸는 삶을 방해하고 있을지도 모르는 삶의 패턴들에 대한 인식이다. 그렇지만 백미러를 보고 있을 때에는 앞으로 나아갈 수 없다는 사실을 명심하라. 그러므로 과거로 거슬러올라가 그곳을 점검하고 나서 당신의 미래의 목적에 주의를 집중한다.

어릴 때 우리는 여러 사람들의 다양한 사랑과 지도, 보호를 받았다. 우리는 어릴 때의 경험을 바탕으로 자기 가치와 세상의 움직임에 대한 심적 경향들을 채택했다. 우리가 어릴 때 배운 수많은 교훈들은 어른이 되었을 때 검토하면 아무 의미도 없지만, 우리는 습관적으로 거짓된 믿음 속에서 계속 생활한다. 이런 것들을 바꿀 수 있는 유일한 방법은 거짓된 믿음들이 얼마나 많이 일상 속에 숨어 있는지 살펴보고 그 하나하나에 의식적으로 말을 거는 것이다.

아래와 같은 믿음이나 행동, 어릴 때의 상황 중 무엇이 당신에게 낯익은지 살펴보라. 낯이 익으면, 당신은 지금 의식적으로 그것들에서 비롯된 부정적인 습관들을 버리리라 다짐할 필요가 있다. 이제 당신은 더 이상 진실이 아닌 믿음들을 버리고, 마음의 평화와 열정, 목적 추구를 고의로 방해하는 것을 중단시킬 수 있다.

원하는 사랑을 얻는 것을 방해한다. 예를 들어 당신은 불안정하거나, 믿을 수 없거나, 감정적으로 도움이 되지 않는 사람들과 인간관계를 맺음으로써 실패를 하게 됐다고 생각하는가?

혹은 믿을 만한 사람을 발견했는데도 당신은 그 사람을 쫓아버릴(버리는 것에 대한 자신의 두려움을 현실로 만들며) 정도로 소유욕이 강해졌는가? 아마 당신은 친밀해지는 것을 피하기 위해 인간관계를 삼가고 있을 것이다.

그렇다면 당신은 젊었을 때 질병이나 죽음, 또는 이혼으로 부모를 잃었거나, 변덕스러운 수용시설의 관리자들 품에서 자랐을지도 모른다. 그러나 어린 시절의 충격을 바꿀 수 있는 방법은 있다. 당신은 믿을 수 있는 사람들의 마음을 끌고, 원하는 사랑을 손에 넣을 수 있는 방법을 배울 수 있다.

자신은 지독하게 운이 없고 주위에서는 항상 나쁜 일만 일어난다고 생각한다. 예를 들어 당신은 무엇이든 삶이 주는 고통을 감수하고 있는가? 평소에는 다른 사람들을 기쁘게 해주려고 애쓰지만, 간혹 상대를 혹평하거나, 빈정거리거나, 화를 내면서 폭언을 퍼부을 때가 있는가?

당신에게는 충분한 것이 절대 충분한 것이 아니기 때문에 당신을 위로하고 사랑을 주려는 사람들에게 좌절을 안겨줄지도 모른다. 당신은 일이나 음식, 술, 봉사 등에는 몰두하지만 정작 자신은 잘 돌보지 못하고 있지는 않은가?

아마 인생 초반기에 누군가 당신에게 상처를 주었거나, 다른 누군가가 상처를 입는 것을 지켜보았을 것이다. 이제 당신은 자기 가치를 강화시키고 있는, 있는 그대로의 자신을 사랑하는 법을 배움으로써 자신을 보호할 수 있다.

외롭거나 관계에서 단절된 느낌이 들거나 삶에 속은 느낌이 든다. 가끔 성마르거나 자기 위주이거나

냉소적일 때가 있는가? 아마 당신은 친절한 제스처에 기다린 듯이 반응할 것이다.

그렇다면 당신은 어릴 때 제대로 양육받지 못했거나 공감하는 것에 대해 제대로 지도받지 못했을지 모른다.

그러나 당신은 이제 욕구가 충족되지 않을 때 분노를 표출할 수도 있고, 보다 많은 사랑을 주고받기 위해 이를 자제하기로 결심할 수도 있다.

자신을 돌봐줄 사람들을 좋아한다. 당신은 일반적인 사무나 요리, 세탁 등의 일을 해내기 어려울 것 같다는 생각 때문에 종종 일상적인 잡일에 압도당하고 있다는 느낌을 받을 때가 있는가? 아마 당신은 이럴 때 구조신호(SOS)를 보내면 쏜살같이 달려올 수많은 조력자를 바라고 있을 것이다.

그렇다면 당신은 어릴 때 과보호를 받았을지도 모른다. 곁에서 누군가가 혼자 힘으로 대처할 수 있다는 것을 익히지 못하도록 많은 일을 처리해 주었을 것이다. 아니면 어릴 때 충분히 보호를 받지 못해 언제나 어쩔 수 없다는 느낌을 가져왔을 것이다.

그러나 당신은 자신이 성공리에 해냈던 일과 장래성을 인정하고 새로운 능력을 발전시키는 한편, 인생을 좀더 독립적으로 헤쳐나가기 위해 자기 확신을 고양시키는 법을 배울 수 있다.

너무 많은 일을 해 기진맥진해진 자신을 발견한다.
당신은 도움을 요청하거나 도움을 받는 것이 힘이 드는가? 모든 일을 자기 방식대로 해야 한다고 생각하는가?

당신은 필요한 것을 말하지 않거나 다른 사람이 도와줄 수 없는 상황을 만들어 다른 사람들이 당신에게 도움을 주기 어렵게 만들고 있을지도 모른다. 아마 당신은 어릴 때 너무 일찍 독립해 나이에 걸맞지 않은 책임을 떠맡았을 것이다.

그러나 당신은 자신의 심적 경향을 상호 의존적인 형태로 바꾸는 법을 배울 수 있다. 또 자신이 원하는 것을 요청하고 그것을 호의적으로 받아들이는 법도 배울 수 있다.

꿈을 실현시키는 데 필요한 위험을 자꾸 피한다. 당신은특히 중요한 결정을 내리게 될 때 자신을 믿지 못하는가? 실패할 것 같거나 성공하더라도 사기라도 친 듯한 기분에 빠질 것 같은가?

그렇다면 당신은 젊었을 때 지나치게 비판받았거나 호의적이지 않은 눈길을 의식했을 것이다. 아마 당신은 공부나 운동에서 실패했을 것이다.

하지만 지금이라도 늦지 않았다. 힘을 북돋우는 생각을 하고 위험을 감수해야 할 목록을 작성하라. 당신은 잠재력이 발현될 때 수반되는 상쾌한 마음을 기대하며 안락함에서 벗어나는 법을 배울 수 있다.

우리는 대부분 제대로 욕구 충족을 못하면서 자랐기 때문에, 어린 시절의 생활이 당신에게 강한 자기 가치 의식과 어떤 일에 대처할 수 있는 능력에 대한 확신을 심어주지 못했을지도 모른다. 《내면의 아이 치유하기(Healing the Child Within)》의 저자인 찰스 L. 휘트필드 박사에 따르면, 우리의 80~95퍼센트는 역기능적인 가정에서 자랐다고 한다.

스스로 새로운 인생을 창조해내기 전에, 어떤 분노나 상처, 혹은 잘못된 믿음이 당신이 원하는 인생을 방해하고 있는지 알아보기 위해 어린 시절을 조사해 보는 것도 중요하다.

부정적인 인생 패턴과 그것들이 어떻게 자신의 개인적인 행복을 방해하는지 좀더 알고 싶으면, 인지 요법사(생각하는 습관을 바꾸는 치료)인 제프리 E. 영 박사와 재닛 S. 클로스코 박사가 쓴, 통찰력이 돋보이는 《삶의 개혁(Reinventing Your Life)》을 읽어보라. 당신은 또 카운슬링 전문가를 찾는 것을 고려할지 모른다.

이 책의 나머지 부분을 읽어가면서, 당신은 자멸적인 행위들을 삶에 대한 긍정적 태도로 바꿀 수 있는 여러 방법을 배우게 될 것이다.

무엇이 당신을 짓누르고 있는가?

우리는 어릴 때 자신을 보호하기 위해, 인정이나 사랑을 받기 위해 무엇이든 한다. 자신의 행동이 유발하는 반응에 의존해 좋은 행동(주의를 끌거나 인정을 받거나 사랑을 받는 것들)과 나쁜 행동(거부나 굴욕, 분노를 유발하는 것들)으로 분류를 한다. 그러므로 어떤 감정을 표현하거나, 자신의 행위에 대해 이야기했을 때 벌을 받거나 거부당하면, 우리는 자신의 나쁜 일부들, 즉 부끄러움이나 죄책감, 분노, 실수, 상처 등을 비밀 여행 가방 속에 넣어둔다.

우리는 무의식적으로 그 가방을 평생 끌고 돌아다닐지도 모른다. 또는 이따금 여행 가방에서 희미한 목소리가 우리의 삶으로 돌아오기 위해 속삭이는 것을 알아차릴지도 모른다. 우리는 종종 경험하는 무언가를 놓치고 있다는 막연한 느낌을 갖는다. 보다 성숙하기 위해 오래 전부터 깊이 감추어 왔던 가치 있는 것을 되찾을 필요가 있다.

우리는 치유하고, 용서하고, 인정하고 다시 배속시킬 필요가 있는 것들로 채워진 여행 가방을 끌고 돌아다니는 데 필요한 에너지를 되찾아야 한다. 당신이 되찾아야 하는 일부는 당신이 긍정적인 것(다른 사람의 어떤 모습에서 당신이 크게 감탄할 가능성이 매우 높다)이나 부정적인 것(다른 사람의 어떤 모습에서 당신이 몹시 경멸할 가능성이 매우 높다)으로

우리는 부끄러움, 죄책감, 분노, 실수, 상처 등을
자신의 비밀 여행 가방 속에 꼭꼭 넣어둡니다.

그리고는 무의식적으로 그 가방을 평생 끌고 돌아다닙니다.

알고 있는 것이다. 하지만 사실 이렇게 분리되어 있지 않다.

당신의 모든 특성이 곧 당신이고, 당신은 있는 그대로 사랑스럽다. 당신은 배우고 성장하고 발전하기로 마음먹을지도 모른다. 그러나 가방 속에 감추어야 하는 나쁜 당신은 없다. 당신이 본래 지녔던 용기와 한때 당신을 흥분시켰던 지적 호기심, 억제할 수 없는 정욕, 원하는 것을 자연스럽게 요구할 수 있는 능력을 되찾아야 할 것이다.

어떤 의혹도 없이 자기 자신을 모두 인정하고 받아들일 수 있으면, 당신은 당신의 성장을 도와줄 엄청난 에너지를 얻을 것이다. 감추어두었던 자신의 일부를 되찾는다면 당신의 짐은 좀더 가벼워질 것이다. 그리고 훨씬 더 편하고 빠르게 앞으로 나아갈 수 있을 것이다.

조운 보리셍코 박사(세포 생물학자, 심리요법 의사, 정신·신체 클리닉 뉴잉글랜드 디커니스 병원의 공동 설립자)는 《죄책감은 교사이고, 사랑은 교훈이다(Guilt Is the Teacher, Love Is the Lesson)》의 저자이다. 그녀는 이 책에서 우리가 어린 시절 중요한 무엇인가를 숨겨 놓았다고 판단되는 스물한 개의 징후에 대해 기술하고 있다. 이 징후에는 다음과 같은 것이 포함되어 있다.

너무 바쁘다, 너무 많은 것을 책임지고 있다, 강박관념에 사로 잡힌 조력자이다, '아니오'라고 말하지 못한다, 항상 사과한다, 일이 잘못되면 언제나 자신을 탓한다, 비판에 지나치게 민감하다, 도움을 청하지 못한다, 선량하지 못한 것을 걱정한다, 병을 걱정한다, 완벽주의자이다, 모든 사물과 사람을 통제하려 애쓴다……

이 목록을 처음 읽었을 때, 나는 절반 이상에 체크를 했다. 지금도 여전히 두세 가지와 씨름을 하고 있지만 발전해 가고 있다. 나는 이제 중요하지 않은 요청에 대해서는 안 된다고 말하고, 원하는 것을 부탁하기도 한다.

나는 이제 상황을 통제하려 하지 않고, 다른 사람들과 나 자신의 기대를 누그러뜨리는 법도 배우고 있다. 나와 마찬가지로 위의 행동 가운데 해당되는 것이 많으면, 자신을 탓하지 말고 자신에게 그런 면들이 있다는 것을 순순히 인정하라. 우리가 이 여행 가방을 너무 오랫동안 끌고 다녔다는 사실을 잊지 말라. 우리는 하룻밤 사이에 그것들을 버리지 않을 것이다.

어떤 변화의 과정이든 첫 단계는 인식하는 것이다. 자멸적인 행위들(예컨대 너무 많이 일을 한다, 언제나 올바르게 행동해야 한다, 인식하고 있는 자신의 결함들을 다른 사람들에게 투사한다, 자신의 불행을 다른 사람들 탓으로 돌린다)을 인식할 수 있으면, 우리는 그것들을 바꾸려고 시도하고 있는 것이다.

버림으로써 짐을 가볍게 하라

잭 캔필드는 그의 오디오테이프 시리즈인 〈자부심과 최고의 성취〉의 한 강의에서, "젊었을 때 모든 욕구를 충족시켜 주지 않은 부모를 원망하느냐?"라고 묻는다. 대부분의 사람들이 손을 든다. 그러자 그는 이렇게 묻는다. "그렇다면 부모님에게 원하는 것을 명확히 부탁했던 분 있으면 손을 드십시오." 이번에는 아무도 손을 들지 않는다.

그가 "여러분 중 부모님을 위해 전문 영매(靈媒)를 두고 계신 분 있으면 손을 드십시오" 하고 세 번째 질문을 던지자, 말뜻을 알아챈 듯 많은 사람이 웃음을 터뜨린다. 그의 주안점이 명확해진다. 즉 부모가 당시의 시대적 상황에 따라 행동한 것을 인정할 수 있으면, 필요로 하는 것을 모두 주지 못했던 부모를 좀더 쉽게 용서할 수 있다는 것이다. 이해하고 용서하지 못하면 가방의 꿈을 따라 떠나는 여행의 속도가 늦추어질 수 있다.

짐은 부모를 비판적이고 냉담한 사람들로 묘사했다. 그는 자신이 한 일은 한 번도 옳은 적이 없었고, 부모의 온정이나 애정을 받은 기억이 없다고 말했다. 대학을 졸업한 뒤, 그는 냉담하지는 않지만 감정이 풍부하지는 않은 여성과 결혼했다. 그의 아내는 충실했지만 감정적으로 도움이 되지 않았다. 짐의 삶의 패턴은 부모와의 냉담한 관계와 놀라울 정도로 비슷한 관계 속으로 그를 끌어들였다.

중년의 많은 사람들처럼 짐 역시 보다 애정 어린 관계를 맺을 필요성을 자각했다. 그는 사랑과 애정만이 내면에서 느끼는 공동(空洞)을 채울 수 있다는 것을 깨달았다. 먼저 그는 좀더 애정을 나타내고 자신을 표현하려 애쓰고 나서, 아내 역시 좀더 다정해지고 애정표현을 잘하도록 유도했다. 그러다 마침내 그는 더 의미 있는 무언가를 추구하기 위해 결혼생활을 마감했다.

그는 데이트를 하고, 여러 사람들과 중요한 인간관계를 맺었지만, 몇 번 카운슬링을 받은 뒤 너무 많은 짐이 문제라는 것을 알았다. 그는 어릴 때 사랑을 제대로 주지 않은 이유로 부모에 대한 분노와 원망의 감정을 버리지 않는 한 자기 자신이나 다른 누군가를 깊이 사랑할 수 없으리라는 사실을 깨달았다. 그는 분노에 아주 단단히 매달려 있었고, 그것이 사랑의 순환고리를 잘라내고 있었다.

짐은 치료사의 지도에 따라 얼마간 카타르시스를 일으키는 일을 하고, 자부심의 고양에 대한 연구자가 되었다. 이제 건전한 인간관계를 맺고 있는 그는, 좀더 자주 사랑을 표현하고 순순히 그것을 받아들이는 법을 배우고 있다고 말한다.

만약 고통 때문에 누군가를 용서하기 힘들다면, 당신은 오늘밤 잠자리에 들기 전에 이런 기법을 시도해 보라.

용서의 모닥불

잠자리에 들기 직전에 몇 차례 심호흡을 하며(여덟을 셀 때까지 천천히 숨을 들이켜고, 넷을 셀 때까지 숨을 멈추고, 여덟을 셀 때까지 천천히 숨을 내쉬라. 그리고 이것을 서너 차례 되풀이하라) 긴장을 풀라. 긴장이 풀렸으면 불꽃이 춤추는 모닥불을 마음속에 떠올려라. 모닥불 주위에 자신에게 상처를 입혔거나 자신이 상처를 입힌 누군가가 있다고 상상하라.

당신과 그 사이에 놓여 있는 무거운 통나무를 운반하면서 모닥불 쪽으로 걸어가라. 모닥불에 도착하면, 서로의 불만인 통나무를 불꽃 속으로 던지라. 용서의 파트너와 손을 잡고 불꽃이 분노와 고통, 후회, 부끄러움을 다 태워버리는 것을 지켜보라. 불이 둘 사이의 긴장을 녹이고 새로운 신뢰관계를 형성하는 것을 느껴라. 준비가 되면 그 사람과 헤어지고, 다른 사람을 데리고 모닥불까지 걸어가라.

초대한 사람들이 모두 당신과 함께 걸을 때까지 이 과정을 계속하라. 이제는 깨끗한 정신과 애정이 깃들인 마음으로 평화롭게 휴식하라.

어쩌면 당신은 자신에게 해를 끼친 사람들을 용서하고 싶지 않을지도 모른다. 그런 경우, 자신의 감정을 인정하고 분노를 표현함으로써 마음의 짐을 내려놓아라.

직접 대면해서 표현하는 것이 불편하거나 불가능할 경우, 상대의 행위가 자신에게 준 느낌을 편지에 쓴다. 내키지 않으면 편지를 부치지 않아도 좋다. 많은 사람들이 글쓰기로 분노의 마음을 가라앉히고 앞으로 나아갈 수 있다.

아주 고통스러운 기억이 있을 경우, 격렬한 감정을 내보내고 옛 상처를 치유하도록 도와줄 수 있는 카운슬링 전문가의 도움을 받는 것도 한 가지 방법이다.

다른 사람들을 용서하는 원리는 자기 자신을 용서하는 데도 마찬가지로 적용된다. 과거에 후회스러운 행동을 했던 게 떠올라 괴로울 때마다, 사람은 누구나 당시의 상황에 따라 행동한다는 사실을 잊지 마라. "그때 신뢰를 저버리지 않았으면 좋았을 텐데" "그녀를 실망시키지 말았어야 했는데" "그런 말을 하지 않았더라면" 하는 생각에 사로잡힐 때, 우리는 누구나 다 후회를 한다. 또한 사람은 누구나 다 실수를 저지른다. 업무상 실수를 저지르거나, 사회적 실책을 범하거나, 잘못 투자하거나, 충동적인 결정을 내린다. 그러나 우리는 그것들을 있는 그대로, 즉 일시적인 착오나 실수, 자신도 모르게 불쑥 떠오른 생각을 받아들이는 법을 배울 수 있다.

우리는 잘못을 저질렀을 때 그것을 인정하고, 다른 사람들에게 상처를 주었을 때 그것

을 사과하며, 완벽하지 않기 때문에 자신을 용서하는 법을 배울 수도 있다. 우리는 자신의 불완전성을 인정하고 용인함으로써 보다 참되고 완전해질 수 있다. 우리는 자신의 실수를 인생에서 배우는 교훈으로 삼아야 한다. 당신은 실수가 나쁜 사람을 만들지 않는다는 것을 이성적으로 알고 있다. 그러므로 마음의 짐을 덜고 자신이나 다른 사람들을 여유를 가지고 대하라.

스스로 방향을 결정하라

주위 사람들의 삶을 바라보면서 자신도 그렇게 좋은 환경이기를 바라기는 쉽다. 아마 우리가 부러워하는 것은 돈이나 훌륭한 직업, 혹은 높은 지위의 사람들일 것이다. 또는 훌륭한 용모나 건강, 혹은 흔들리지 않는 신앙심일 수도 있다. 그것이 무엇이든 다른 사람들은 그것을 쉽게 손에 넣은 것처럼 보일 때가 많다. 때문에 이런 말이 나왔다. "언제나 저편 잔디밭이 더 푸르게 보인다."

얼마 전에 나는 한 인터넷 사이트에서 클라크 박사가 그 표현을 비꼰 내용을 발견했다. "언제나 저편 잔디밭이 더 푸르게 보이지만, 그만큼 풀 베기가 힘들다." 다른 누군가의 인생을 동경하고 있다면 모든 결과는 행동의 소산물임을 잊지 말아야 한다.

형제의 부(富)를 부러워하고 있다면, 당신 또한 하루 18시간 근무하고 1개월에 21일쯤 해외근무를 하는 것도 부러워하고 있는지 곰곰이 생각해 본다. 동료나 친구처럼 건강해 보이면 싶다면, 당신 또한 아침마다 5시 30분에 일어나 운동을 하고 저지방 식단을 유지하는 일이 얼마나 힘들지 생각해 보아야 한다.

이웃처럼 마음이 평온하길 꿈꿀 때, 당신 또한 매일 두 번씩 30분 동안 명상을 할 성의가 있는지 생각해 보라. 사실 당신은 그림의 절반만, 즉 결과를 촉진시킨 행동은 생각지 않고 마지막 결과만 보고 있는 것이다.

우리가 삶에서 얻는 것은 일반적으로 우리의 선택과 행동에 정비례한다. 우리는 자신의 삶에서 원하는 것을 상상한 뒤 의도적인 방침에 따라 사람들과 상황에 대한 자신의 대응방식을 선택하고 이에 책임을 져야 한다. 《성공하는 사람들의 7가지 습관(The 7 Habits of Highly Effective People)》의 저자인 스티븐 코비의 말대로 인생에서 성공하려면 우리는 응답할 줄 알아야 한다.

'응답할 줄 안다(response-able : responsible은 '책임 있는', '책임감 있는' 등의 뜻으로 많이 쓰이지만, 이 말을 잘 분석해 보면 본래의 뜻은 '응답할 줄 아는' 이다)'는 것은 상황이나 사람들, 환경에 응답할 수 있는—반응하는 것이 아니라—능력을 키우는 것을 의미한다. 자극(누군가가 당신에게 모욕을 가한다)과 응답(당신의 행동) 사이에는 선택의 요소가 있다.

당신은 상대에게 받은 만큼 모욕을 가하거나, 반대로 그것을 무시하거나, 화를 낼 수 있다. 선택은 당신에게 달려 있다. 당신은 도망치거나 동물처럼 반응하지 않아도 된다. 그 대신 당신은 어떻게 하는 것이 그 상황에 대한 올바른 응답인지 신중하게 선택할 수 있다. 반작용하는 것과 응답할 줄 아는 것의 차이는 무엇일까? 몇 가지 예를 들어 보겠다.

45세의 두 쌍둥이를 상상해 보라. 두 사람은 회사의 구조조정 때문에 똑같은 시기에 일자리를 잃었다. 쌍둥이 A는 해고를 통고받았을 때부터 불평을 늘어놓았고, 6개월이 지난 뒤에도 실직한 동료들에게 해고의 부당성을 토로했다. 쌍둥이 B는 처음 해고를 통고받았을 때부터 이력서를 작성하기 시작했고 6개월이 지난 뒤에는 새 동료들과 함께 새로운 컴퓨터 시스템을 배우고 있었다.

이 쌍둥이의 처해진 상황은 똑같았지만 그들의 응답은 정반대였다. 쌍둥이 A는 장래에 대한 별다른 고려 없이 상황에 반응했고, 쌍둥이 B는 자신의 미래에 대한 밑그림을 구상하고 신중하게 몇 가지를 선택했다. 먼저 그는 이력서를 다듬고 상사들을 헐뜯는 대신 새로운 직장을 찾는 데 힘을 쏟았다. 마침내 그는 자신의 상황을 개선시키기 위해 몇 가지 모험(새로운 기술을 배우고 새롭게 인간관계를 발전시키는 일)을 감행했다. 바꾸어 말하면 쌍둥이 B는 상황의 지배를 받는 대신 스스로 자신의 미래를 그려나갔다.

사십대 후반의 두 여성이 똑같이 남편이 부정한 짓을 해온 것을 발견했다. 여러 번 사태 수습을 시도한 뒤에, 두 여성은 남편에게 똑같은 조건을 제시했다. "그만 바람 피우고 다시 결혼 생활에 충실하든가, 아니면 그냥 나를 떠나라." 놀랍게도 남편들은 모두 떠났다. 두 아내는 망연자실했지만 다르게 응답했다.

여성1인 줄리아는 부정, 분노, 상처, 용인의 단계를 거쳤다. 그녀는 상담자의 도움을 구하고 대학원 과정에 등록했으며 마침내 유명 연구소의 최고 자리에 오른 뒤 다시 데이트를 시작했다.

여성2인 사라는 날이 갈수록 난폭해지고, 주변 사람들에게 전남편의 험담을 늘어놓았다. 그녀는 또한 유능한 변호사를 고용한 뒤 남편을 파멸시킬 계획을 세웠고, 데이트는 생각조차 않았다.

줄리아는 자신의 인생이 실패로 점철되기를 바라지 않았다. 그녀는 자신의 태도와 경력, 인간관계에 초점을 맞추었다. 그녀는 또한 상황에 지배받지 않았다. 남편의 행위가 비열하기는 했지만 그가 자신의 반응을 불러일으킬 수 없다는 것을 알고 있었다. 그녀는 자유의지를 믿었다. 그녀는 자신이 정말로 남편에게 욕설을 퍼붓거나, 희생자인 양 슬픔에 잠기거나, 자기 연민에 빠지고 싶어하는지, 아니면 적절한 해결책을 찾아 보다 나은 직업을 얻고 새로운 인간관계를 맺고 싶어하는지 곰곰이 생각했다. 그녀는 반응하지 않았다. 그녀는 결정했다.

반면 사라는 여러 가지 방식으로 버림받은 것에 반응했다. 그녀는 남편에 대한 원한을 품고 있다고 말했다. 그녀는 바람을 피운 남편에게 자신의 감정에 대한 지배권을 내주었다. 이에 따라 그에게 힘을 주고 자신의 위치를 약화시켰다.

사실 누군가 자신을 거부해 불쾌해지거나, 주위의 비판 때문에 어떤 아이디어에 대한 확신을 잃어버리거나, 누군가 자신이 해야 할 말을 싫어할지도 모르기 때문에 자신의 뜻을 표현하지 못한다면, 당신은 다른 어떤 욕구보다 인정받고 싶은 욕구를 우선시하고 있다는 것을 의미한다.

당신은 다른 사람들이 당신의 존재를 입증해 줄 경우에만 자신의 가치를 느끼고, 다른 사람들이 지지할 경우에만 자신의 생각에 확신을 가지며, 그로 인해 다른 사람들이 자신을 호의적으로 바라볼 경우에만 자신의 생각을 말한다는 것을 증명해 보이고 있는 셈이다.

당신의 행복은 다른 사람들에 의해 결정되기 때문에-그리고 당신은 다른 사람들이 어떻게 생각하고 행동하든 그것을 제어할 수 없기 때문에-스스로는 자신의 행복에 영향력을 거의 미치지 못한다는 믿음 속에서 행동하고 있는 것이다. 이런 희생자적 심적 경향 때문에 당신은 주변에 있는 사람들에게 휘둘린다. 이런 패러다임 속에서 행동하기 때문에, 당신은 내면의 평화에 근거가 되는 자기 확신이 없고, 삶 속에서 자신이 원하는 것을 얻을 가능성도 없다.

당신은 누군가 다음과 같이 말하는 것을 들은 적이 있는가? "내가 화를 낸 것은 그 여자 때문이야." "그녀가 하도 고집을 부려 내가 양보했어." "그들은 늘 나를 화나게 만들어." 아마 당신 자신도 속임수에 빠졌다고 느끼거나 감정에 사로잡혔을 때 이와 유사한 말을 했을 것이다. 하지만 이것을 생각하라. 다른 사람들의 행동에 대한 자신의 반응을 그들 탓으로 돌릴 때, 당신은 기본적으로 다른 사람들 — 당신이 아니라 — 에게 지배당하고 있는 것이다.

당신이 무엇인가를 하지 않을 수 없다고 말할 때마다 남에게 힘을 주고 있는 것이다. 확실히 당신은 다른 사람들의 행동방식은 제어할 수 없다. 그러나 — 이는 매우 중요한 '그러나' 이다 — 자신이 응답하는 방식은 제어할 수 있다. 쇼핑을 갔는데 점원이 불친절하게 대하면, 당신은 그에 반응해 화를 낼지도 모른다. 그러나 당신은 거칠게 행동하지 않아도 된다.

친구가 약속 시간에 늦으면, 당신은 무시당한 느낌을 받을지도 모른다. 그러나 당신은 이에 응답해 다음번 약속 때 늦게 도착하지 말라. 대신에 당신은 운전석에 앉아 몇 시간 뒤에도 여전히 옳다고 여겨지는 응답을 신중하게 선택할 수 있다. 즉각적으로 반응하는 대신 신중히 응답함으로써 자신의 충동을 제어할 때, 당신은 자신의 행동에 책임을 지고 있는 것이다.

자제력이 있는 사람들은 자신의 선택에 책임을 진다. 그들은 자신의 결정이나 자신의 문제를 다른 사람들 탓으로 돌리지 않는다.

응할 수 없는 초대를 받았을 때 자제력이 강한 사람은 이렇게 말할지도 모른다. "고맙지만 토요일에는 누님 집을 방문할 예정이라서요." 자신감이 부족한 사람은 "그런데 토요일에는 누님 집을 방문해야 해서……." 하고 말하면서 말꼬리를 흐릴지도 모른다. 약속 시간에 늦었을 때 자신 있는 사람은 다음과 같이 말하면서 미안함을 보일 것이다. "죄송합니다. 여기까지 오는 데 필요한 시간을 충분히 감안하지 못했습니다."

자신감이 부족한 사람은 "늦어서 미안합니다. 보브가 전화를 좀처럼 끊으려 하지 않아서……." 하고 말할지도 모른다. 사전 약속이 있는 날 오후에 도움을 요청받았을 때, 자제력이 강한 사람은 이렇게 말할 것이다. "미안해, 오늘 오후에 새로운 프로젝트를 맡았어." 자신감이 부족한 사람은 "도와주고 싶지만, 이 보고서를 끝내놓지 않으면 상사가 나를 해고시킬 거야." 하고 말할지도 모른다.

자제력은 자신의 감정을 관리하거나 나중에 후회할지도 모르는 행동을 제어하는 것과 관련되어 있다. 그것은 자신의 모든 행동을 책임지거나 다른 사람들의 행동에 응답하는 방식을 신중히 결정하는 것과 관련이 있다.

그러므로 다른 사람들의 인정 대신 자기 인정을 추구하면서 좀더 내적인 동기 부여를 받으려고 애를 써라. 다른 사람이 무슨 말이나 행동을 하든 당신은 가치 있는 사람임을 자신에게 상기시켜라. 눈앞에 어떤 장애물이 놓여 있더라도 당신은 그에 대처할 수 있을 것이다. 누군가가 아무리 비열하게 행동해도, 당신은 적당한 응답, 즉 당신이 되고 싶어하는 유형의 사람처럼 당신의 목표에 어울리는 응답을 선택할 수 있다.

당신은 다른 사람들이 그들의 행동을 바꾸기를 바라지 말고 반대로 스스로 원하고 추구하는 것을 결정하라. 어떤 어려움에 직면하든 당신이 선택해야 하는 것은 언제나 똑같다. 그것은 책임감 있고 좀더 좋은 상황을 만들거나 자존심을 가지고 살아가는 것이다.

몇 해 전, 내가 지나치게 많은 일을 하고도 과소평가받고 있다는 느낌이 들었을 때 한 친구가 내게 충고했다. 나는 언제나 사람들에게 많은 것을 주고 있지만 스스로는 많은 것을 요구하지 않는다는 것이었다. "당신은 누가 돌봐요?" 하고 그녀가 물었다. 그때 나는 울기만 했다. 내 정직한 대답은 돌보아줄 사람이 없다는 것이었다.

그 후 나는 살아가면서 내 삶에 도움을 주는 사람이 많이 있을지 모르지만, 친구의 질문에 대한 건전한 대답은 "내가 한다"라는 것을 깨달았다. 당신이 원하는 것을 요청하지 않으면, 당신의 조력자들은 무엇을 주어야 할지 모른다. 스스로 자기 시간을 관리하지 않으면 당신을 위한 시간은 없을 것이다.

계획적으로 시간을 관리하라

누구에게나 하루 24시간이 주어지지만, 어떤 사람들은 성취와 모험, 사랑, 즐거움으로 가득 찬 풍요로운 삶을 영위하는 반면 "시간이 없다"라는 말을 입에 달고 사는 사람들도 많다. 나는 젊은 시절에 어머니가 "어떤 일에 도움을 청할 경우 바쁜 사람에게 부탁해라"고 말씀하시곤 했을 때에는 그 뜻을 제대로 이해할 수 없었다. 몇 년 뒤에야 그 뜻을 완전히 알게 되었다.

내가 아는 한 큰 성취를 이룬 사람들은 여러 분야에서 바쁘게 살아가고 있다. 나와 함께 일해 온 최고 경영자들은 회사를 경영하면서 등산도 하고 가족과 함께 시간도 보내며, 건강을 유지하면서 지역사회에 봉사도 한다. 많은 예술가가 자신의 재능으로 생계를 꾸려가면서, 거장들의 작품을 연구하거나 혁신적인 기법을 발전시킨다. 또 젊은 예술가들을 가르치거나 에이즈 퇴치, 지뢰 금지와 같은 사회적 운동에 자발적으로 나서기도 한다.

내가 만난 여러 명의 교사는 수업 준비에 많은 시간을 보내면서도 교회에서 직분을 다하고 친구들을 즐겁게 해주려고 노력한다. 또 끊임없는 지적 욕구를 보이며 책을 읽고 극장에도 자주 가며, 대학원 과정을 밟으면서도 봉사활동에 적극적이다.

어떻게 그들은 그렇게 많은 일을 할 수 있을까? 곰곰이 생각해 볼 문제는 나 역시 그렇게 할 수 있을까, 혹은 어떻게 좀더 힘들이지 않고 그런 일을 해낼 수 있을까 하는 점이다. 이는 정답이 없는 질문이다. 우리는 각자의 목적이나 패러다임, 에너지의 측면에서 독특한 존재이다. 그렇지만 효과적인 시간 관리-우선 순위, 계획, 훈련-는 다양한 기질을 가진 성공한 사람들이 일관되게 실천하는 사항이다.

우선 순위에 초점을 맞추라. 성공한 사람들은 대부분 지나치게 많은 일을 하거나, 스케줄을 무리하게 잡는 것을 미덕으로 여기지 않는다.

그들은 명확한 우선 순위에 따라 균형 잡힌 삶을 지향하고 있다. 그들은 목표에 도달하는 것뿐만 아니라 충실한 가정 생활이나 여유로움, 삶의 확장을 위한 모험을 위해 시간을 쪼개는 것을 자랑으로 여긴다. 대부분의 사람이 개인생활과 직장생활 사이에서 균형을 잡는 것이 쉽지 않다고 생각하지만, 많은 사람들이 그렇게 하고 있다.

〈패스트 컴퍼니(Fast Company)〉지는 최근 나에게 여러 회사의 부장, 부사장, 이사 들에게 균형 문제에 대해 말해 달라는 요청을 했다. 새로운 사업을 맡은 어느 이사는 딸이 "괜찮아?" 하고 물으면 균형을 잡아야 할 시기라는 것을 안다고 대답했다. 그녀는 또한 세 가지 조치를 취함으로써 중심을 다시 잡는다고도 말했다.

세 가지 조치란 매일 자신을 위해 무엇인가를 해주는 것, 자신의 생활을 단순화시키는 방법을 찾는 것, 활동 에너지가 고갈되는 느낌이 들면 기분을 전환시켜 주는 무엇인가를 한다는 것이었다.

텍사스에 있는 컴퓨터 회사의 한 이사는, 균형을 우선시하면 실제로 효율을 향상시키고 출세에 도움이 된다는 것을 깨달았기 때문에 균형을 잡기가 쉽다고 말했다. 그는 말없이 생각에 잠기거나 중요한 누군가와 이야기하기 위해 일상적으로 휴식시간을 마련해 놓고 있었다. 그는 또한 자신의 개인생활 역시 비즈니스로 여기기 시작했다고 말했다.

규칙적으로 쉬지 않고 일하면서 변화를 원한다면, 당신은 녹초가 될 때까지 일하는 자신의 심적 상태 뒤에 놓여 있는 원인에 대해 곰곰이 생각할지도 모른다. "혹시 편히 살 만한 자격을 못 느낄

만큼 자부심이 없거나 시간관리에 능하지 못한 것이 아닐까?" "혹시 무엇인가로부터 도망치고 있는 것은 아닐까?" 어쩌면 당신은 잘못된 목표(자기 자신의 목표 대신 다른 누군가의 목표)를 좇거나 불건전한 노동 스타일을 조장하는 노동 문화에 사로잡혀 있을지도 모른다.

"어떻게 하면 생활 속에서 좀더 균형을 잡을 수 있을까?" 하는 문제에 집중하기 위해 자신에게 몇 가지 질문을 던져보라. 첫 번째 질문은 "종종 발생하는 갑작스런 사고나 긴급한 일을 포함해 매주 얼마나 많은 시간을 직장일에 바치고 싶은가?" 당신의 목표를 달성하는 데 얼마만큼의 시간이 필요하고, 어느 지점에서 자신의 노동이 비생산적으로 변해 효율이 얼마만큼 감소하는지 깊이 생각해 보라.

두 번째 질문은 "살아가면서 무엇을 위해 시간을 내고 싶은가? 배우자인가, 자식들인가, 운동인가, 침묵인가, 산책인가?"이다. 원하는 것에 우선권을 주고 이를 '해야 할 일'의 목록에 올린다면, 당신은 실제로 그렇게 하게 될 가능성이 높다. 우리는 자주 피로회복을 위한 휴식을 '시간이 있을 때'의 목록에 올린다.

세 번째 질문은 "내가 깨어 있는 시간을 모두 일에 바치는 대가로 무엇을 얻고 있는가?"이다. 혹시 당신은 누군가의 동정이나 승인을 받고 있지 않는가? 혹시 당신은 무엇인가로부터 도망치고 있지 않는가? 지나치게 바쁜 이유는 직면하고 싶지 않은 문제를 피하기 위해서일 때가 많다.

강력한 계획을 세우라. 자신의 성공을 책임진다는 것은 꿈을 꾸고 목표를 정하는 것 이상의 일이다. 당신은 자신의 계획을 폭넓은 목표와 관련된 행동으로 나타내야 한다. 그런 다음 각각의 행동에 시간이 얼마나 걸릴지, 각각의 행동을 달성하는 데 어떤 정보나 방법이 필요할지, 성공 시기를 어떻게 알아낼지 등을 결정할 필요가 있다.

당신의 행복을 위한 계획이 나침반 역할을 할 것이다. 당신은 언제든지 자신이 어디로 가고 있는지 정확히 알게 될 것이다. 행선지로 가는 도중 이정표를 만나면 목적이 더욱 뚜렷해지고 절박감이 증가하며, 에너지가 넘치고 확신이 점점 강해지는 것을 알게 될 것이다.

바쁘게 활동하면서도 균형을 유지하며 살아가는 사람들은 대개 미리 계획을 세운다. 그들은 어떤 목표를 성취하는 데 시간이 얼마나 걸릴지, 언제 그것이 완료될지, 그 일을 위해 일주일 중 어떤 시간을 택해야 하는지 알고 있다.

그들은 맨 먼저 무슨 일을 할 것인지 아는 상태에서 잠에서 깨어난다. 그들은 전화를 걸기 전에 어떤 목적을 달성하고 싶은지, 어떤 성과를 올리기를 바라는지 알고 있다. 그들은 금요일이면 다음주의 목표가 무엇인지, 이를 달성하기 위해 무엇을 해야 하는지 잘 알고 있다. 그들은 무언가에 방해를 받거나 휴식을 취하기도 하지만, 곧장 목표로 돌아갈 여력이 있다. 그들이 성취하고자 하는 것이 언제나 그들 마음의 중심에 자리잡고 있기 때문이다.

그들의 방향은 아주 명료하다. 그들은 목표를 알고 있으며 그것을 성취하는 데 열중하고 있다. 그들은 어떤 행동을 하면 앞으로 나아가고, 어떤 행동을 하면 현상을 유지하며, 어떤 행동을 하면 후퇴하게 될지 잘 알고 있다.

이런 계획은 일이 자신의 통제 속에 있다는 확신을 주기 때문에 미니 휴가(20분 간의 조용한 숙고나 자신을 다시 중심에 놓는 것)를 허용한다.

분명하게 초점을 유지한다는 것은 자기 삶에서 원하는 것을 상기시키며 자신을 에워싸고 있다는 것을 의미한다. 일부 코치들은 작은 카드에 주요 목표들(좋은 아버지가 된다, 소득을 25퍼센트 늘린다, 골프에서 90타의 성적을 낸다, 하와이에서 휴가를 보낸다)을 적은 다음, 그것을 지갑 속에 넣고 매일 여러 번 읽을 것을 권하고 있다. 또 자신만의 공간에 잡지 사진을 재료로 벽면 콜라주를 만들어 보라.

물론 그 사진들은 당신의 목표를 표현하는 것이어야 한다. 목표가 달성되면 각 사진에 금테를 두른다. 초점 유지에 좋은 또 다른 전략은 목표물에 자신을 그리는 것이다. 예를 들어 당신은 자신의 사진을 〈피플〉지 표지에 붙일 수도 있고, 〈뉴욕 타임스〉지 베스트 셀러 목록 순위에 자신이 지은 새 책의 이름을 써넣을 수도 있으며, 1백만 달러가 입금된 가상의 통장을 만들 수도 있다.

많은 전문 스포츠 코치들과 경영 컨설턴트, 지도자들에 따르면, 이미 현실화된 것처럼 긍정적인 결과를 마음속에 새기고 있으면 성공 가능성이 더 높아진다고 말했다. 자신이 원하는 것에 주의를 집중하라. 자주, 그리고 자세히……. 총천연색 꿈을 꾸라.

자신을 훈련시키라. 명확한 초점을 토대로 훌륭한 계획을 세웠더라도 이를 이루기 위한 훈련이 뒤따르지 않는다면 당신은 여전히 방향을 잃게 된다. 중요하지 않은 문제로 자신의 일을 방해할 수 있다는 말이다. 이런 자기 방해가 언제 좋은 결과를 가져다줄 가능성이 있는지(예를 들어 머리를 식히기 위해 산책하는 것, 피로를 풀기 위해 물을 마시는 것, 누군가와 브레인스토밍을 하는 것), 언

제 커피를 마시거나 우편물을 정리하는 것이 별로 중요하지 않은 전화에 답하는 것과 별반 다를 것이 없는지 알아내야 할 것이다.

당신은 또 다른 사람들의 방해에도 단호하게 대처해야 한다. 물론 중요하고 환영할 만한 방해도 일부 있다(도와줄 수 있겠냐는 문의, 동료의 감사 방문, 상사의 입력 요청, 자신의 모교에 합격했다는 딸의 전화).

방해에 대처하는 첫 번째 비결은 긴급하고 중요한 방해와, 동료와의 잡담이나 행상인의 간청, 이미 보낸 정보에 대한 문의 전화와 같은 중요하지 않은 방해를 신속하게 구별해내는 것이다. 두 번째 비결은 단호하게 방해를 저지하면서 인간관계를 유지하는 것이다. 당신은 단호하면서도 정중하게, 간략하면서 명확하게 말해야 할 것이다.

물론 방해의 가장 좋은 방어책은 예방이다. 문을 닫을 수도 있고, 가시 범위에서 벗어날 수도 있고, 전화를 받지 않는 시간을 정할 수도 있고, 비교적 한가한 특정 시간을 다른 사람에게 알릴 수도 있다. 또 다른 사람들에게 어떤 상황에서 자신이 방해받고 싶어하지 않는지 알려줄 수도 있다. 일에 대한 방해가 자신에 의해 야기되든 다른 사람들에 의해 유발되든, 인생에서 더 많은 것을 성취하고 싶으면 그것을 줄이려고 노력하라.

성취하는 삶을 살고자 한다면, 보내고 싶은 일상생활을 선택해야 한다. 고의적으로 자신을 방해하는 습관을 체크하고, 해묵은 분노와 원망을 던져버리고, 자신을 돌보고, 계획적으로 시간을 관리하라.

좋아하는 은신처처럼 마음의 방들을 만들라.
정신을 가라앉히고 상상력에 불길을 당기는 것들로 장식하라.

PART 3

마음의 방을 포지티브로 가득 채워라

― 포지티브 씽킹을 끌어내고 유지하는 방법

> 당신의 적을 사랑하라. 그들은 당신의 결점을 말해주기 때문이다.
> — 프랭클린 Benjamin Franklin

믿음과 행위는 매듭을 풀 수 없게 연결되어 있다. 많은 사람들은 우리의 생각이 현실을 창조한다고 말했다. 우리에게 들려오는 내면의 메시지가 성장과 사랑, 기쁨 등에 관한 것이라면, 우리는 그것을 경험하게 될 것이다. 반면에 한계나 공포, 실패 등에 대한 생각으로 머리가 가득 차 있을 경우, 역시 그런 것을 경험하게 될 것이다.

자동차왕 헨리 포드는 "언젠가 할 수 있다고 믿든 할 수 없다고 믿든 이는 모두 옳다"라고 말했다. 당신이 열망하는 대로 성취하기 위해서는 마음의 방들을 차분한 정신과 뛰어난 상상력으로 장식해야 할 것이다.

개인적인 성장 워크숍에서, 나는 그룹의 긴장감을 완화시키고 주의력을 높이기 위해 세 가지 질문을 던져 참석자들의 여론을 조사하는 경우가 많다. 맨 먼저 나는 "여러분 가운데서 몇 분이나 자기 자신에게 말을 거시나요?"라고 질문한다. 이렇게 질문을 던지면 대개는 웃음을 짓고, 머리를 끄덕인다. 다음으로 나는 이렇게 묻는다. "여러분이 가장 자주 말씀하시는 것은 무엇입니까?" 이 질문을 받으면 많은 사람들이 얼굴을 찡그린다. 마지막으로 나는 "내면과의 대화가 정신력을 향상시켜 주나요?" 하고 묻는다. 그러면 통찰력 있는 표현들이 방을 가득 메운다.

내면과의 대화에 주의를 기울이지 않으면, 우리는 마음으로부터의 메시지나 그것이 우리의 태도에 미치는 영향에 대해 알지 못한다. 결국 날마다 똑같은 정신의 테이프를 들으면서 살아가게 된다.

마지막으로 정신과 신체의 관계를 좀더 잘 이해하려면 "이 작업(인간관계, 일반적인 삶)은 정말 지겹고 신물이 나" 하고 생각하게 되는 게 언제인지 점검해 보라. 아마 정신의 테이프를 틀기 시작한 직후일 것이다. 혹은 누군가 "건강은 어떠십니까?" 하고 물었을 때 당신이 "아주 좋습니다" 하고 대답했을 때 당신의 에너지에 어떤 변화가 일어났는지 기억해 보라. 아마 당신은 얼굴을 들고 자연스럽게 미소짓게 만드는 에너지를 약간 얻었을 것이다.

아마 다음의 경험이 이런 원리에 대해 증언해 줄 것이다. 먼저 머리를 숙이고 의자에 앉아 큰소리로 "기운이 넘치고 무척 기분이 좋다!" 하고 말해 보라. 물론 잘 안 될 것이다. 이번에는 벌떡 일어나 두 팔을 머리 위로 쭉 뻗은 뒤 록키 밸보어(영화 〈록키〉의 주인공)처럼 주먹을 쥐고는 "마음이 울적하군" 하고 소리쳐 보라. 이것 역시 잘 안 될 것이다. 정신과 신체의 생각이 같지 않기 때문이다. 이 둘이 뒤섞인 신호가 당신의 시스템에 부조화를 일으킨 것이다.

마음이 울적하더라도 당신이 승리자처럼 행동하면, 당신의 시스템은 자동적으로 조정될 것이다. 그리고 당신의 기분이 고양될 것이다. 그래서 화가 날 때 누군가 미소짓게 해주면 갑자기 분노가 사그러드는 것이다. 당신이 신체적으로 긍정적인 행동을 할 때에는 부정적인 감정이 마음에 스며들지 않는다.

생각과 몸은 연결되어 있다. "피곤하군" 하고 생각할 때마다 당신은 몸 전체에 피곤하게 행동하라는 강력한 신호를 보내는 셈이다. 당신의 몸은 무거운 눈꺼풀과 흐트러진 자세, 약한 에너지로 반응할 것이다. 반면에 "기분이 상쾌하군" 하고 생각하거나 말한다면, 당신은 통제 센터에 '최고의 성능 모드를 작동하라' 는 신호를 보내고 있는 셈이다. 이에 따라 아드레날린이 분비되고 엔돌핀이 솟구치며 에너지가 상승 곡선을 그릴 것이다. 그러므로 매일 "나는 내 삶을 사랑해"라고 말을 하여 스스로에게 활력을 제공하라.

정신과 신체의 관계는 수많은 의학 전문가들과 작가들에 의해 증명되었다. 이에 대해 좀더 탐구하고 싶으면 다음과 같은 베스트셀러들을 읽어보라. 《사람은 늙지 않는다(Ageless Body, Timeless Mind)》(디팍 초프라 박사), 《자연 치유(Spontaneous Healing)》(앤드루 웨일 박사), 《영원한 치유(Timeless Healing)》(허버트 벤슨 박사) 등……. 긍정적인 생각과 기도, 명상이 우리의 건강과 행복에 긍정적인 영향을 미칠 것이다.

이 장에서는 많은 사람들이 긍정적인 심적 경향을 유지할 수 있도록 도와주는 일곱 가지 비결에 대해 알아보기로 하자. 당신은 확언과 추방, 생생하게 마음에 떠오르게 하기, 테 다시 두르기, 해결책 찾아내기, 발코니에서 바라보기, 자부심 기르기 등을 활용함으로써 자신감을 높이고 자신의 능력을 개발할 수 있다. 이들 중 어느 것이 마음의 저수지에서 긍정적인 에너지를 끌어내는 데 당신에게 적합한지 살펴보기로 하자.

마음이 울적하더라도 당신이 승리자처럼 행동한다면,
당신의 시스템은 자동적으로 조정될 것입니다.

확언의 기술을 익혀라

사람이라면 누구나 마음의 수다(분당 약 200개의 단어)를 경험하지만, 당신은 의도적으로 그 수다의 종류를 선택할 수 있다. 그 비결은 개인적인 확언의 목록을 발전시키고 활용하는 것이다. 확언은 자신과의 긍정적인 대화이다. 당신은 확언을 이미 실현한 것처럼 말할 수도 있다.

예를 들어 당신이 좀더 좋은 아버지, 좀더 사려 깊은 연인, 좀더 성공적인 투자가이기를 바란다면, '나는 좋은 아버지', '사려 깊은 연인', '현명한 투자가다'가 적당한 확언이 될 수 있다. 그런데 보다 좋은 효과를 보기 위해서는 확언을 현재형(나는 ……일 것이다가 아니라 나는 ……이다)과 긍정문(나는 침착하고 신경질적이지 않다)으로 표현해야 한다.

당신이 되고 싶거나 느끼고 싶거나 갖고 싶은 것을 생각하라. 그러고는 이를 실현하기 위해 확언을 쓰라. 당신은 하루가 시작되거나 끝날 때 암송하는 일상적인 확언이나,

중요한 연설을 하게 될 경우에 대비해, 상황에 따른 특정 확언(나는 침착하다, 나는 준비되어 있다, 나는 재미있다)을 만들어낼지도 모른다. 직업적인 성취 확언(나는 목표를 초과하고 있다)과 개인적인 성취 확언(나는 건강하고 정력적이다)을 사용하는 것도 좋다.

이렇게 하고 싶은 말이 사실인 것처럼, 곧 이루어질 것처럼 확신을 갖고 되풀이하라. 다음은 당신이 고려하고 있을지도 모르는 몇 가지 확언이다. 이것들을 수정하거나 결합시켜 자신의 확언으로 삼는 것도 좋은 방법이다.

"나는 사랑스럽고 유능하다."
"나는 지금 이대로가 좋다."
"나는 건강하고 아름답다."
"나는 행복해지는 데 필요한 것을 모두 가지고 있다."
"나는 원하는 것을 요구한다."
"나는 자신과 다른 사람들을 불공평하게 판단하지 않는다."
"나는 다른 누군가의 위에도 아래에도 있지 않다."
"나는 날마다 변화를 낳는다."
"나는 다른 사람들과 쉽게 유대 관계를 맺는다."
"나는 겸손하고 인내심이 강하며 온정이 많다."

"나는 날마다 무엇인가를 남에게 준다."
"나는 목적을 성취하고 독특한 재능을 활용하고 있다."
"나는 내 삶을 사랑한다."

우선 자신에게 가장 중요한 것이 무엇인지 결정하고, 우선 순위가 높은 항에 정신 에너지를 집중할 수 있도록 관련 확언들을 적어놓는다. 지금 자신에게 가장 중요한 세 가지는 변화를 보이는 것, 신체적으로 건강해지는 것, 구속 없는 사랑을 경험하는 것이라고 가정해 보자. 다음의 것들은 당신의 확언과 비슷할지도 모른다.

"몸이 가뿐하다, 나는 변화를 낳고 있고,
멋진 사랑이 나를 에워싸고 있다."

"내 몸은 건강하다, 나는 사랑받고 있고,
세상을 보다 나은 곳으로 만들기를 좋아한다."

"나는 건강하고 사랑받고 있으며
누군가를 위해 봉사하는 것이 기쁘다."

확언들을 거울이나 전화, 컴퓨터 화면 등 하루에 여러 번 눈길을 돌리는 곳에 붙여놓는다. 나는 아침에 잠자리에서 일어나기 전에, 그리고 밤에 잠들기 전에 확언을 하는 습관이 있다. 또 이 확언들을 사무실 전화와 일일 계획표, 컴퓨터 옆에 붙여놓고 있다.

어떤 사람들은 매일 확언을 2, 30번씩 암송한다. 어떤 사람들은 작은 카드에 확언들을 적은 다음 지갑에 넣고 다닌다. 자주 당신이 어떤 종류의 사람으로 변모하고 있고, 어떤 종류의 인생을 만들려 하는지 상기시켜 줄 방법을 찾아라.

이런 확언들을 이용해 자신의 발전과 잠재력에 대한 집중력을 유지하라. 그리고 생각이나 이미지, 말, 일상적인 행동 속에서 그것을 되풀이하라. 훌륭하게 생각하고 훌륭하게 행동하고, 자신에게 나는 훌륭하다고 상기시켜라!

추방의 명수가 되라

자신의 마음을 긍정적인 이야기로 채우면 부정적인 이야기가 들어설 틈이 줄어든다. 물론 부정적인 생각이 다시는 마음에 끼여들지 않을 것이라는 의미는 아니다. 아래의 목록을 훑어보고 자신을 무력하게 만드는 생각 중 하나가 자신의 마음 한쪽을 차지하고 있지는 않은지 생각해 보라. 어쩌면 당신은 이제 더 이상 환영받지 못할 몇 가지 생각에 매달려 있는지도 모른다.

나는 늘 실수를 저질러.
나를 진실로 사랑하는 사람은 한 명도 없어.
나는 아무도 믿을 수 없어.
나는 결코 …… 하지 못할 거야.
나는 …… 하고 싶지 않아야 해.
틀림없이 이것은 완전 무결할 것이다.
나는 아주 바보 같다.
내겐 늘 나쁜 일만 생긴다.
나는 병들거나 사고가 날 것이다.
나는 더 이상 헤쳐나갈 힘이 없다.
나는 그들을 기쁘게 해주어야 한다.
내 인생은 형편없다.
내가 정말로 어떻게 느끼는지 말하는 것은 옳지 않다.

오래된 습관은 좀처럼 사라지지 않는다. 그러므로 자신을 무기

오래된 습관은 좀처럼 사라지지 않습니다.
당신 마음의 컴퓨터에서 부정적 생각을 몰아내고
의욕을 북돋우는 생각으로 교체하십시오.

력하게 만드는 메시지가 나타나면 그것을 추방하는 습관을 가져라. 그렇다. 부정적인 메시지가 들려오면 곧 중지 버튼을 누르고 큰소리로 외쳐라. 그런 생각을 쫓아내라. "전에는 그랬지만 지금은 이렇게 믿고 있어. 나는 ＿＿＿＿＿＿＿＿."

당신 마음의 컴퓨터에서 부정적 생각을 몰아내고 의욕을 북돋우는 생각으로 교체하라. 어떤 소란스러운 부정적 생각도 다음번에 나타나면 꼭 추방하겠다고 맹세하라.

생생히 마음속에 떠오르게 하라

스포츠 코치나 능력 있는 도인(導人), 영감을 주는 작가들에게 공통적으로 주어진 사항은 무엇일까? 그들은 실제로 꿈을 이루어내기 전에 자신의 성공을 상상하는 힘을 믿고 있다. 그들 모두는 긴장이 이완된 상태에서, 실제로 어떤 일을 수행하기 전에 이를 달성해낸 자신을 그려보면―아주 자세히, 그리고 생생하게―하나의 성공 패턴이 두뇌 속에 각인되어 자신을 성공으로 이끌어낼 것이라고 믿고 있다.

스타급 운동 선수들은 경기장에 들어서기 전에 머릿속으로 경기를 예행 연습한다고 알려져 있다. 당신은 톱 세일즈맨들이 거래 가능성이 있는 사람에게 다가가기 전에 (마음의 눈으로) 자신이 판매를 권유하는 다큐멘터리를 찍는 것을 발견하게 될 것이다. 정력적인 기조 연설자들 역시 실제로 연단에 올라서기 전에 (마음속의 대형 화면 속에서) 우레와 같은 박수 갈채를 받으며 연설을 한다.

이런 중요한 성공 습관은, 당신이 무슨 일을 하게 될 때 우선은 상상으로 한 번 실행하고, 그런 다음 실제로 도전하게 만들어줄 것이다. 웨인 다이어는 생생하게 무언가를 마음속에 떠오르게 해주는 것의 중요성에 관한 책을 써서 큰 성공을 거두었다. 《믿으면 보일 것이다(You'll See It When You Believe It)》는 긴장을 풀고 세세하게 특정한 사항을 고려한 뒤 긍정적인 결과에 주의를 기울임으로써, 자연스럽게 마음속에 떠오르는 것을 받아들여 성공을 거두는 법에 대해 기술하고 있다.

앞으로 어떤 도전에 직면하게 되면, 조용한 곳을 찾아 두세 번 심호흡을 깊게 하라. 그리고 나서 자신이 수행하는 곳으로 나아가는 것을 마음으로 바라보라. 그리고 나서 자신이 들고 있는 물건이나 그곳의 기온, 그곳에 있는 다른 사람들에게 주목하라. 자신이 기회를 잡기 위해 얼마나 흥분하고 있는지, 자신의 성공을 얼마만큼 확신하고 있는지 느껴보라. 마침내 목적을 달성하고 성취감을 느끼면, 성공 단계에서 다음 단계로 나아가면서 세부적인 사항을 살펴보라.

생생히 마음속에 떠오른 것을 그림으로 된 일련의 확언이라 생각해도 좋다. 이 두 가지를 활용하는 습관이 몸에 배면, 당신은 인생에서 많은 긍정적인 변화를 보게 될 것이다. 당신의 분야에서 성공하기 위해 최고의 성취자들로부터 비결을 알아내라. 그리고 그러기 전에 먼저 당신의 마음에서 성공을 느껴보라.

상황에 테를 다시 두르는 법을 배우라

낙관주의와 비관주의의 차이를, 컵에 물이 절반이나 차 있다고 보느냐, 절반이나 비어 있다고 보느냐로 묘사하는 경우가 많다. 테를 다시 두른다는 것은 좀더 자주 컵에 물이 절반이나 차 있다고 생각하게 해주는 기술이다.

좌절이나 실망에 직면할 때마다 부정적인 측면을 뛰어넘어 아무리 작더라도 긍정적인 결과는 없는지 살펴보라. 예를 들어 교통이 심하게 정체되어 있을 경우—우리는 대부분 짜증을 낸다—거기에서 무언가 긍정적인 것을 찾아내라.

당신은 자기 반성을 하기에 적당한 시간이라는 것을 발견하거나, 이런 일이 발생하지 않았더라면 듣지 못했을 라디오 인터뷰를 듣고 있을지도 모른다. 아마 지금 가고 있는 모임에 대비하는 데 필요한 시간이 꼭 20분일지도 모른다. 교통 정체에 값싼 빨간 플라스틱으로 테를 두르는 대신 금박 장식의 값진 마호가니로 테를 다시 두르라.

의식적으로 인생의 크고 작은 좌절 속에도 좋은 것이 새겨져 있는 것을 보려고 노력하라. 당신의 인생에 실수나 실망, 초조 등으로 위장해 이따금 나타나는 뜻밖의 축복에 주의를 기울이라.

당신은 젊었을 때 만화경(萬華鏡)을 소유하고 있었는지도 모른다. 어쩌면 지금까지도 그것을 수집하고 있을지 모른다. 만화경을 들여다보면 많은 조각으로 이루어진 무늬가 보인다. 손목을 약간 비틀기만 해도 새로운 이미지를 만들어낼 수 있다. 똑같은 개수의 조각을 가지고 다양한 형태와 색깔을 지닌 새로운 걸작을 만들어낼 수 있다.

주어진 것을, 자신을 즐겁게 해주는 어떤 다른 것으로 변형시키는 것이다. 이것은 테두리를 다시 두르는 것을 의미한다. 주어진 것을 받아들이고 자신의 개인적인 욕구나 상상력을 이용해 자신의 상황을 긍정적인 것으로 변형시키라.

해결책 탐정이 되라

자신에 대한 자부심을 유지하기 위해 당신은 뛰어난 탐정, 즉 모든 딜레마의 창조적인 해결사가 되어야 한다. 성공적으로 문제를 해결하는 패턴을 발전시켜 나가면, 앞으로 나타날 새로운 문제도 능히 처리할 수 있다는 자신감을 갖게 된다. 성공은 자기 확신을 낳는다. 효과적으로 문제를 해결하려면 동원할 수 있는 수단을 세밀히 조사할 수 있는, 창의력이 풍부한 정신의 활동이 필요하다. 어떤 문제에든 적절한 해결책이 있다.

불행하게도 우리는 어떤 문제에 부딪히면 실패하거나 상처받지 않을까 두려워하는 경우가 많다. 그래서 우리는 생각의 범위를 오히려 축소시킨다. 우리는 겁을 먹으면 정신적으로 새로운 흔적을 찾아나서는 대신 짐마차 주변을 맴돈다.

해결책 찾아내기는 자신의 풍부한 상상력을 펼치는 기술이다. 문제에 직면하면 불평의 대상(나 자신만을 위한 시간이 전혀 없다)으로 삼지 말고, 문제에 대해 질문을 하라(어떻게 나 자신만을 위해 일주일에 1시간 정도 떼어놓을 수 있을까?).

불평이나 질문이 자신의 창조력에 미치는 영향력을 측정하기 위해 이에 대한 첫 응답을 상상해 보라. 위와 같은 불평(나 자신만을 위한 시간이 전혀 없다)이 주어지면 아마 당신은 다음과 같이 응답할 것이다. "나는 삶이 치열한 경쟁의 장이라는 것을 알고 있다. 개인적인 시간을 갖는 사람은 아무도 없다." 당신은 이처럼 자신의 불행을 가엾게 여길 것이다.

이번에는 문제가 질문화되었을 경우(어떻게 나 자신만을 위해 일주일에 1시간 정도 떼어놓을 수 있을까?) 당신이 어떻게 응답할지 생각해 보라. 당신은 다소 자극받은 듯, 어려운 수수께끼가 주어진 것처럼 느낄지도 모른다. 아마 당신은 다음과 같이 응답할 것이다. "그렇게 해볼 수 있을 것이다……?" 당신은 직관적으로 마음속으로 가능한 해결책을 찾기 시작할 가능성이 높다.

불평을 질문으로 바꾸면 상상력이 자극을 받아 해결책을 찾게 되고, 기운을 내서 변화를 모색하게 될 것이다. 당신은 불행에 대한 자기 연민에서 빠져나와 좀더 좋은 방향으로 나아가고자 애쓸 것이다. 언제든지 인생의 방향을 바꾸고 문제를 재빨리 해결하기 위해 모든 불평을 질문으로 바꾸는 습관을 들이라. 이 간단한 변화가 당신의 인생에 대한 만족도를 높이고 잘못된 것을 고칠 수 있다는 자신감을 불어넣어줄 것이다.

당신 인생에 소중한 사람들―일터나 집에서―이 자신과 같아지도록 감화시키려 애쓰라. 모든 불평과 군소리, 장래성 없는 탐

닉을 금지하라. 카타르시스를 일으키는 순식간의 감정의 발산 외에는 모든 문제를 질문으로 표현해야 한다고 주장하라. 불평은 사기를 저하시키고, 질문은 활력을 불러일으킨다.

보다 넓게 보려면 발코니로 나가라

우리는 가끔 아무런 성취도 이루어내지 못했거나 바라던 인물이 되지 못한 자신을 자책한다. 우리는 전형적으로 아주 좁은 시야로 인생을 바라보기 때문이다. 그 순간 우리는 이루어내지 못한 것에만 초점을 맞추고 있다. 우리는 풍경의 일부만 보고 있는 것이다.

시야를 넓히기 위해서 자기 인생의 큰 범위가 내려다보이는 발코니―마음의 눈으로―로 올라가라. 그 지점에서 당신은 훨씬 명확하게 볼 수 있다. 고개를 돌려 1년이나 2년 전에 당신이 머물렀던 곳을 바라보라. 당신의 현재 공간까지 이어진 삶의 발자국에 주의하라. 수많은 성공과 성실, 친절의 시간들……. 당신이 선택했던 옳은 길, 즉 소유하기보다는 주는 걸 좋아하고, 상대를 판단하는 대신 사랑하고, 그냥 머무르지 않고 배움을 청했던 시절의 기억을 되뇌보라. 넓고 다양한 풍경 속에서 당신은 자신의 실수뿐만 아니라 현명한 선택에도 주의할 필요가 있다.

오랫동안 걸어 왔던 삶의 발길이 어떠했는지 찬찬히 살펴보라. 당신의 성장 여행에서 발걸음의 목적은 무엇이었는가? 드높고 넓은 발코니에서 당신은 이런 저런 후회의 마음을 바람에 날려보낼지도 모른다. 과거에 달성하지 못했던 목표에 대해 자책하지 말고, 달성되지 않은 목표를 눈앞의 가능성의 영역으로 옮겨라. 해내지 못한 일에 대해 조바심이 느껴질 때마다 언제나 다음과 같은 경구를 암송하면서 중심을 잡으라. "후회하지 말고 다만 뜻을 굳혀라." 당신은 마음의 전경(前景)에 성취한 것들을 늘어놓기 위해 성공 일지를 적으려 할지도 모른다.

작은 수첩이나 대학 노트에 자랑스러웠던 성취물들을 나열하고 날짜를 적으라. 그 목록에는 대학을 별 탈 없이 졸업한 일이나, 직장에서 인정받은 일, 혹은 1킬로그램의 살을 뺀 것도 포함될지 모른다. 거기에는 자녀와 대화를 통해 문제를 해결한 일, 고마운 이에게 잊지 않고 감사의 편지를 쓴 일, 어느 쪽에나 다 유리한 윈윈 전략을 구사해 사업적 문제를 해결한 일같이, 사람들 사이에서의 성공이 포함될 수도 있다.

당신은 친구들이 보내준 축하 카드, 혹은 감사의 쪽지, 상사에게서 받은 금일봉 봉투를 노트에 붙여 끼워놓을 수 있다. 어떤 것이든 제때 달성된 목표에 주목하라. 최소한 일주일에 한 번은 이것을 훑어보라. 그리고 슬럼프에 빠졌을 때에는 좀더 자주 훑어보라.

전망을 유지하기 위한 또 다른 방법은 배움의 기회로 여기면서 자신이 저지를 모든 실수에 테를 다시 두르는 것이다. 몇 주일 동안 발전을 목표로 이런 저런 노력을 해왔음에도 불구하고 답보 상태에 빠질 수도 있다.

동료에게 화를 냈다면, 우선 사과부터 하고 나서 조용히 이 사건에서 배운 점에 대해 생각해 본다. 아마 당신은 혈당이 낮을 때에는 의견 차이를 해소하기 힘들다는 것을 것을 배웠을지도 모른다. 혹은 실제로 말하기 전에 하고 싶은 말을 마음속으로 예행 연습하면 좀더 객관적인 입장을 취할 수 있다는 것을 배웠을지도 모른다. 또 당신은 자기 자신에게 더 중요한 것을 배웠을지도 모른다.

어떤 일에 성공하지 못했을 때, 우리는 오히려 자신에 대해 무엇인가 중요한 것을 배울 수 있다. 주의를 기울이지 않으면, 당신이 이런 교훈을 얻을 때까지 비슷한 기회가 여러 번 주어질 가능성이 매우 높다.

자부심을 길러라

우리 시대의 가장 창조적인 지성인 중 한 사람인 월트 디즈니는 꿈을 실현하는 데 가장 중요한 요소는 자부심이라고 믿었다. 그는 이렇게 썼다.

"나는 꿈을 실현할 수 있는 비결을 알고 있는 사람이 올라갈 수 없는 곳은 없다고 믿는다. 내 생각에 이 특별한 비결은 4C로 요약될 수 있다. 그것은 호기심(curiosity), 확신(confidence), 용기(courage), 충실(constancy)이다. 그리고 이 중에서 가장 중요한 것은 '확신'이다."

무엇인가를 믿을 때에는 절대적으로 믿어라. 긍정적인 생각의 정원을 가꾸려면 적당한 양의 퇴비가 필요하다. 어떤 일주일은 활기차게 보내다, 다음 일주일은 자기 혐오 속에 사는지를 주목해 본 적이 있는가? 좀더 꾸준히 활기찬 상태를 유지할 수 있는 몇 가지 아이디어가 있다.

- 자신의 장점 4~5가지를 적은 목록을 자주 지나다니는 집 안 곳곳에 붙여 시시때때로 자신의 특별한 재능을 상

기시켜 본다.

목록에는 인내심과 따스함, 통찰력, 유머, 관대함, 다른 사람의 기분을 느낄 수 있는 능력, 뛰어난 지성, 동정심, 성실, 깨끗한 마음, 불굴의 의지, 창조력 같은 것이 포함되어 있을지도 모른다.

아니면 당신의 독특한 자질들을 일기장에 적어놓고, 가끔 이 목록을 재음미해 본다. 또 친한 친구들이나 가족에게 자신의 긍정적인 자질은 무엇이라고 생각하는지 물어보아도 좋다.

- 자신이 탁월한 재능을 발휘했거나 남들과 일을 처리하는 데 있어 차이가 나는 분야에 관해 기록한 노트나 폴더를 간수해 두라. 나는 이 폴더를 들여다볼 때마다 아주 사소한 친절 행위가 다른 사람들에게는 아주 중요할 수 있다는 생각을 해본다.

- 매달 말일에 자신이 달성한 것을 모두 나열해 보라. 그것들은 매주 밀기울로 만든 머핀(밀이나 옥수수 가루로 만든 작고 둥근 빵으로, 구운 뒤 버터를 발라 먹는다)을 먹은

일일 수도 있고, 자신의 방을 청소한 것처럼 사소한 것일 수도 있다. 아니면 매우 중요한 거래를 끝냈다거나 30일 동안 담배를 피지 않은 것처럼 큰 일일 수도 있다.

그냥 지난 달에 행한 일 중에서 성공적으로 해냈다고 여겨지는 것을 모두 나열한다. 당신은 이 목록을 다음 목록이 생길 때까지 벽에 붙여놓고, 과거의 목록들은 폴더에 철해 둔다.

- 매일 기도나 명상, 자연과의 교감을 통해 말없이 숙고하라. 특히 하루 일과 중간에 5분 동안 문을 닫고 편한 자세로 앉는다. 또 가능하면 밖으로 나가 5분 동안 산책하라. 신선한 대기 속에서 호흡하라. 흐르는 물 옆에 앉거나, 빗소리에 귀를 기울이거나, 그냥 자신의 심장 뛰는 소리에 정신을 집중하라.

  의자를 창 쪽으로 옮기고 잠시 따스한 햇볕을 쐬라. 일과 시간 중간에 무언가를 숙고하거나 문제를 제기하거나, 기도문을 암송하거나 그냥 가만히 앉아 잠시 내면의 평화를 찾기 위해 5분간 휴식을 취하라. 따스한 햇살이 얼굴을 간지럽힐 때, 기도하고 있는 자신을 발견하게 된다.

치유될 수 있도록 영혼을 달래주소서.
배울 수 있도록 길을 밝혀주소서.
사랑을 알 수 있도록 마음을 따뜻하게 해주소서.
봉사할 수 있는 힘을 주소서.

무덥고 눅눅한 밤에 춤추는 반딧불이나 황혼녘에 비행하는
제비들을 바라보라. 이보다 더 좋은 선물이 어디 있겠는가?

PART 4

나의 열정과 매일 산책을 나가라

— 하루하루를 열정적으로 사는 방법

나 자신의 생각보다 더 낯설고 놀라운 것은 없다. — 소로 Henry David Thoreau

우리가 출세하고 성공하려고 애쓰는 이유는 성공의 장식물들, 즉 상당한 소득, 직업적 성취, 수억만 개의 성인용 장난감들이 우리를 유혹하기 때문이다. 그러나 자신의 죽어야 할 운명에 직면하면 언덕 저 너머의 일이 좀더 가깝게 여겨지기 시작한다.

나이를 먹을수록 무서운 속도로 지나가는 시간 속에서, 우리는 소유를 위해 얼마나 많은 시간을 소비했는지, 이미 가지고 있었던 것을 음미하는 데 시간을 할애하는 일에는 얼마나 인색했는지 절절하게 깨닫게 된다. 우리는 병들거나 실패했을 때, 삶의 진짜 보물이 얼마나 가까운 데에 있는지, 또 자신이 가진 것을 얼마나 소중히 해야 하는지 깨닫는 경우가 많다.

내면의 평화를 발견하고 인생 후반기를 준비하기로 마음먹은 중년의 사람들은 자신의 활력과 삶에 대한 열정을 다른 사람들과 공유하는 경우가 많다. 감각적 즐거움을 추구하는 그들은 당신을 끌어당기고, 당신이 그들의 기질을 따르도록 고무시키며, 자연스레 우러나오는 기쁨이 당신의 차가운 마음을 따뜻하게 녹여준다. 그들은 매사에 낙관적이고, 이를 발전시키기 위해 에너지를 소비한다. 우리는 이런 사람들을 거울삼아 자신의 장점을 발견하는 경우가 많다.

이렇게 활력 넘치는 사람들 앞에 서면, 나는 젊었을 때 춤 연습을 하면서 배운 원리가 생각난다. 대학 시절에 나는 어느 순회 무용단과 함께 공연을 한 적이 있다. 무용단의 여성들이 배우는 첫 번째 테크닉 중 하나는 자신이 쉽게 들리도록 만드는 방법이었다.

남성 무용수가 여성 무용수의 몸무게와 상관없이 잘 들어올리는 비결은 들어올려지는 사람에게 있었다. 여성 무용수는 자신의 근육을 수축시키고 남성 무용수의 도움을 이용해 깃털처럼 몸을 가볍게 만듦으로써 날아오를 준비를 한다. 혹은 몸을 축 늘어뜨려 들어올려지지 않게 방해할 수도 있다.

여성 무용수처럼 열정적인 사람들은 자신이 쉽게 들어올려지는 방법을 아는 것 같다. 그들은 삶의 무게로 자신을 누르지 않는다. 대신 기쁜 마음으로 인생의 기운을 북돋운다. 그들은 삶의 에너지를 이용해 남들보다 높은 곳에 도달한다.

아마 당신은 그런 사람들 눈앞에 서면 열정적인 기운이 느껴져 그들의 에너지를 바로 알아차리게 될 것이다. 인생의 즐거움을 빨아들이면 열정이 팽창하고, 역동적인 상승 기류를 타게 되면 우리도 좀더 쉽게 날아오를 수 있다.

시 쓰는 것을 아주 좋아하는 콜로라도의 영어 교사 보브는 시를 쓰거나 감상할 때에는 시간이 정지된다고 말한다. 그는 백일장에 나온 고등학생들의 시를 심사하거나, 시 잡지의 편집위원으로 일하거나, 이웃의 젊은 시인을 가르치는 일도 좋아한다.

그는 지금 학교에서 시를 가르치고 있지 않지만 3년 뒤에 조기 퇴직을 한 뒤 지역 초급대학(지역 주민에 의해 유지되며, 전문대학 수준의 직업 교육을 시키는 기관)에서 시를 가르치고 싶어한다. 그는 일 년에 한 번씩 시인 회의나 연수회에 참석하고, 유명한 시인들로 구성된 주말 상급교실에 등록했다.

캐롤은 열정적인 신앙인이다. 그녀는 영감을 주는 책을 읽고, 교회에서 봉사를 하며, 매일 틈틈이 기도를 한다. 그녀는 식사 전에 감사의 기도를 올리고, 늘 자연의 경이로움을 칭송한다. 그녀는 따스한 기운을 주변에 퍼뜨리고, 일상적인 친절이 몸에 배어 있다.

그녀는 공부하고 찬송하고 다양한 방식으로 주님의 일을 하기를 좋아한다. 그녀는 고통이 있는 곳에서는 동정을 나타내고, 피로가 있는 곳에서는 에너지를 공급하며, 관심이 있는 곳에서는 길을 밝힌다. 그녀는 자신이 좋아하는 일을 하고, 자신이 하고 있는 모든 일을 사랑한다.

매일 활력 넘치는 삶을 살기 원한다면 자신이 일상생활 속에서 어느 자리에 있고 싶은지 깊이 생각해 보라. 힘 닿는 데까지 모든 것을 즐기고, 훨씬 더 많은 일을 할 수 있는 자신의 잠재력을 인식하라. 감사하고 축하하라.

힘 닿는 데까지 모든 것을 즐기라

당신은 자신에게 절대적인 기쁨이 되는 것을 즐기는 데 어느 정도의 시간을 소비하고 있는가? 열정은 당신의 영혼을 달래주고 정신을 새롭게 해준다. 그러므로 즐기라. 삶은 아름답고 충분히 즐기게 되어 있다. 죄의식을 느끼지 말고 자신이 좋아하는, 기쁨과 만족의 근원을 즐기라.

당신의 오감을 즐겁게 해주는 것은 무엇인가? 어떤 음식이나 행위, 즐거움이 자신의 오감을 즐겁게 해주는지 생각해 본다. 입 안에 침이 고이게 하는 맛과 향긋한 냄새, 마치 자신이 황제인 것처럼 느끼게 해주는 작은 즐거움이 무엇인지 목록을 작성하라. 마음이 내키면 계절별, 지역별로 목록을 편성하라.

자신의 욕구를 자극해 좀더 자주 즐기기 위해 목록을 가까이에 두라. 전신 마사지, 공원에서의 점심 식사, 향기가 좋은 고급 커피, 고전 음악, 요가 교실, 친구와의 재즈 댄스, 좋아하는 미술관에서의 한 시간, 해변길 산책……. 어떤 것이 당신을 즐겁게 해주는가? 특별한 기회가 오거나 좀더 돈이 생기기까지 기다리지 말라. 바로 오늘 당신의 오감을 즐겁게 해주라.

우리는 어머니 자연이 선물한 아름다운 것조차 제대로 즐기지 못한다. 우리는 폭풍우 속에서 자신을 씻어내는 자극적인 기분을 즐기는 대신 비 맞지 않는 장소로 뛰어든다. 우리는 일출과 일몰을 그냥 지나치고 일에 열중하지만, 그 즐거움을 누리는 데는 돈

한푼 안 든다. 우리는 심홍색 에나멜 날개를 제대로 감상하지 않고 무당벌레를 밟아버린다.

우리는 거리에서 들려오는 아이들의 웃음소리에도, 잠을 깨우는 새벽녘 홍관조의 울음소리에도 귀를 막아버린다. 하지만 우리는 어렸을 때 그 모든 것을 예민하게 알아챘다. 중년에는 아이의 눈으로 세상을 바라보던 과거의 습관을 기억해내면 좀더 활기차게 살 수 있다. 활력을 높이기 위해 경탄하는 태도를 취하고 다시 한 번 삶과의 사랑에 빠지라.

비 온 뒤 향긋해진 공기 속에서 풀 냄새를 맡아보라. 굴뚝새의 부드러운 노랫소리와 점점 세지는 바람소리에 귀를 기울여보라. 무덥고 눅눅한 밤에 반딧불이들의 춤을 지켜보거나 황혼녘에 제비들이 비행하는 것을 바라보라. 갓 딴 야생 딸기의 맛을 즐겨보라. 찬란한 일출과 타오르는 듯한 일몰, 눈이 쌓인 솔송나무 가지……. 이들보다 더 좋은 선물이 어디 있겠는가?

가까이에서 아름다움을 발견하고 좀더 가까이 다가가라. 발길을 멈추고 길가에서 한 무더기의 당근을 뽑거나, 창문을 통해 흘러들어 오는 겨울 햇살의 감촉을 느끼거나, 새끼를 위해 잔가지와 황록색 이끼로 둥지를 만든 박새류를 지켜보라. 오렌지 씨앗을 작은 종이컵에 심고 광택 있는 녹색으로 변해가는 모습을 지켜보라.

당신의 정신을 확장시켜 주지도,
영혼을 만족시켜 주지도 않는 일을
반복적으로 하기보다 이전에 해보지
않았던 것을 시도해 보십시오.

우리 모두를 에워싸고 있는 단순한 풍요로움을 즐기라.

무엇이 당신을 감동시키는가? 눈물이 날 정도로 당신을 깊이 감동시키는 것은 무엇인가? 아마 그것은 비발디의 〈사계(四季)〉에 귀를 기울이는 일이거나 좋아하는 시인의 시를 읽는 일일 것이다. 혹은 삶의 고통을 지혜롭게 극복한 연사의 말에 귀기울이거나, 좋아하는 발레단의 발레를 관람하거나, 미국 프로농구(NBA) 플레이오프 경기를 구경하는 일일지도 모른다.

내 인생의 즐거움 속에는 훌륭한 댄서들의 공연을 관람하거나, 파바로티나 레슬리 개럿, 혹은 천상의 목소리를 지닌 친구 앤이 부르는 오페라에 귀를 기울이는 것이 포함되어 있다. 우리가 좋은 선물을 한눈에 알아볼 만큼 운이 좋을 때에는 감각들의 마법 같은 협력이 있는 것이다. 심장이 뛸 정도로 즐거웠던 순간이 언제였는지 생각해 보고, 그런 즐거움을 좀더 자주 누리게 되기를 기도하라.

가끔 경외까지는 아니더라도 순

수한 기쁨이 마음을 일깨울 때도 있다. 어쩜 그것은 당신을 알은 체하기 위해 온몸을 흔드는 코커스파니엘견이거나, 해안에서 떠들썩하게 뛰노는 벌거벗은 두 살짜리 아기이거나, 장난스럽게 서로의 꼬리를 쫓아 나무 줄기를 빙빙 도는 다람쥐 두 마리의 바보춤일지도 모른다. 도저히 미소를 억누를 수 없을 정도로 당신을 즐겁게 해주는 것은 과연 무엇일까?

최근 나는 개와 산책하다가 발걸음을 멈추고 이웃 사람과 이야기를 나누었다. 그녀는 자신이 키우던 조그마한 푸들이 죽었지만 건강이 좋지 않은 남편을 매일 돌보게 되면서 다른 애완견을 키울 생각이 없어졌다고 내게 말했다.

내가 푸들을 잃은 것을 몹시 슬퍼하자, 갑자기 그녀의 표정이 바뀌더니 환한 미소를 얼굴 가득 지었다. "하지만 애완 다람쥐가 생겼어요. 이름은 톱시인데 하루에 두 번씩 먹이를 먹으러 내게 와요. 내가 차고와 집을 잇는 복도까지만 들어오도록 허락해서 그 녀석은 집에는 들어올 수 없다는 사실을 잘 알고 있어요. 이따금 그 녀석이 자신의 가족을 전부 데려올 때도 있어요. 하지만 가족들은 바깥에서 기다리지요. 나는 그 녀석들에게 호두 같은 과자를 던져줘요." 이렇게 말하는 그녀를 보면서 나는 애완동물을 키우는 기쁨이 얼마나 큰지 알 수 있었다.

무엇이 당신의 내면에 평화를 가져오는가? 어떤 즐거움은 오감을 만족시키고, 어떤 즐거움은 우리의 마음을 만족시킨다. 또 내면의 고요한 깨달음을 가져오는 즐거움도 있다. 어쩌면 당신은 따스한 햇볕을 쬐거나 아름다운 성가대의 노랫소리에 귀를 기울이거나 교회에서 묵상하는 것이 즐거울지도 모른다. 어쩌면 그것은 숲속에서 산책하거나 잔디밭에 누워 나뭇잎 사이로 하늘을 올려다보는 것일지도 모른다.

나는 물가에서 명상하거나, 말없이 불가에 앉아 있거나, 12년 된 다년생 식물을 돌보면서 평화를 발견한다. 손을 흙 속에 넣고 부드럽게 식물들을 자극해 잠재력을 이끌어낼 때, 나는 보기 드문 평화를 발견한다. 그것은 내게 일종의 환상이다. 당신은 정원과 암벽이 자연과 멋지게 조화를 이루는 멋진 공간에서 고요함을 느끼지 않을 수 없다.

나의 시아버지 해리 역시 정원에서 평화를 발견하셨다. 그분이 67세 때 첫 집을 구입하자 친척들과 친구분들은 하나같이 그것은 실수라고 말했다. 그들은 손질해야 하는 뜰이 있는 집보다 시설이 훌륭한 양로원을 알아보아야 한다고 말했다. 그러나 시아버지는 토마토를 재배할 수 있는 작은 땅뙈기를 원하셨다. 그래서 새 집을 구입해 살면서 토마토를 여러 번 수확하셨다.

새 집으로 이사온 첫 해에 시아버지는 몇 그루의 단풍나무 묘목-여름날 오후, 그늘진 곳에서 일요일자 신문을 읽기 위해 한 그루는 뒤뜰에-을 심기로 결정하셨다. 남편과 나는 당시에 젊었기에 오만으로 가득 차 있었다.

우리는 그 앙상한 나무를 비웃었던 기억이 난다. 우리는 그분이 발육이 나쁜 작은 단풍나무가 무성한 아파리를 낼 만큼 오래 살 것이라고 낙관하시는 것을 보고 비웃곤 했다. 그렇지만 시아버지는 성장한 단풍나무 그늘에서 편안히 앉아 쉬실 정도로 오래 사셨다.

단풍나무가 빈둥거리기에 충분한 그늘을 제공하게 된 첫 여름을 끝으로 시아버지는 세상을 떠났다. 암투성이의 몸으로 병원에서 집으로 돌아온 그분은, 당신이 마음속에 그렸던 나무 그늘 아래에서 안락하게 신문을 읽는 그지없이 행복한 순간을 마지막으로 몇 번 누리셨다.

누가 당신의 열망을 끌어내는가? 자신의 열망을 북돋우고 삶의 잠재력을 좀더 끌어내기 위해, 자신을 활기차고 자발적이며 낙관적으로 만드는 사람들과 좀더 자주 교제하는 것은 바람직한 일이다. 자신을 지혜와 직관, 기지, 유머, 어린애 같은 순진함 등으로

에워싸라.

사랑받는 기분과 즐거운 느낌을 만들어주는 사람이 누군인지 알아내라. 쉽게 웃게 만들고, 자의식 과잉 덩어리를 없애주면서 자기 자신에게 솔직해지도록 격려해 주는 사람은 누구인지 생각해 보라.

배운 것을 서로 교환하고 함께 탐구하며, 자신의 생각을 말할 때 귀기울여주는 사람들과의 관계를 강화시키라. 가식 없이 서로 즐기고, 영혼의 음악에 맞추어 함께 춤을 추면서 당신을 있는 그대로 받아들여 주는 사람들, 사랑의 역사가 있는 사람들과 삶을 찬양하라.

내 친구 중 내가 전화를 걸면 "네 목소리 들으니 정말 기분이 좋아." 하고 인사하는 친구가 있다. 그녀는 선출직 관리이며 지역 사회 봉사자이기도 한데, 아무리 바빠도 나를 소중하게 여겨준다는 느낌을 항상 준다. 이런 사랑의 관대함 때문에 나는 힘을 얻어 다른 사람에게 사랑을 전하게 된다.

또 다른 친구는 폭소의 여왕이다. 그녀는 농담이나 이야기를 잘 하지 않는다. 단지 인생의 작은 에피소드에서 유머를 발견할 뿐이다. 그녀는 쉽게 웃고, 그 웃음은 꼭 전염이 된다. 그녀는 우리로 하여금 내면에 지니고 있는 어린아이다운 순수함을 존중하도록 일깨워준다. 웃음의 힘에 관한 유명한 저서 《질병의 해부(Anatomy of an Illness)》에서 노먼 커즌스는 웃음이 병을 치유하고 행복을 증진시켜 준다고 강조하고 있다. 방출된 엔돌핀은 우리의 사기를 높여줄 뿐만 아니라 면역 계통의 질병 저항력을 향상시켜 준다. 자주 웃어라. 그리고 실컷 웃어라.

또 다른 친구 하나는 내게 기운을 북돋아준다. 그는 음식과 와인, 오페라, 웃음, 그리고 일상적 삶에 큰 열정을 지니고 있다. 그의 면전에 있을 때에 나의 기운은 증폭되지 않을 수 없다.

다른 친구들은 위안이 되거나, 다가가기 쉽거나, 지지자가 되어준다. 내 정신을 극도로 긴장시키는 친구도 있지만 다른 친구들은 내 마음을 따뜻하게 녹여준다. 어떤 친구들은 내가 남 모르게 두려워하는 것이나, 계획해 놓은 것, 도전하려는 것 등을 잘 알고 있다. 모두 내 인생의 찬란한 보물들이다.

누가 자신의 가장 좋은 점을 잘 알아내는지 생각해 보라. 그리고 좀더 자주 그들의 집을 향하는 길을 개척하라.

훨씬 더 많은 일을 할 수 있는
자신의 잠재력을 인식하라

삶에 대한 열정은 흥미의 집중점에서 나온다. 이 열정은 우리가 삶을 성장시키고 발전시키지 않으면 내면에서 시들기 시작한다. 그러면 우리의 에너지는 감퇴하고 활력은 약해질 것이다. 중년에 열정을 고양시키기 위한 새로운 지평선을 발견하면 이를 향해 나아가라. 그것들이 당신에게 올 때까지 기다리지 말라.

기타를 치거나, 지역 박물관에서 자원봉사를 하거나, 프랑스어 회화를 배울 생각이 있다면, 바로 그것이 당신 인생에서 확장해야 하는 것들이다. 간혹 일하는 도중에 기타 소리에 귀기울일 뿐이거나, 한 달에 한 번밖에 박물관에 가지 못하거나, 일주일에 한 번밖에 프랑스어 테이프를 듣지 못하더라도 그렇게 하라. 무엇이든 당신의 인생에 생기를 불어넣어 줄 수 있는 잠재력을 발전시켜라.

당신의 열정은 무엇인가? 아마 당신은 늘 미술 공부를 하거나, 탭댄스를 배우거나, 주말 디스크 자키가 되고 싶어했을 것이다. 어쩌면 당신은 합창단 단원이나 연극배우가 되기 위해 오디션을 받고 싶어했을지도 모른다. 우리는 흔히 시간이 별로 없다고 말한다. 그러나 누구에게나 하루 24시간이 주어져 있다.

열정을 발산할 시간을 마련함으로써 보다 만족스러운 삶의 여행이 시작될 것이다. 당신의 열정을 위해 시간을 소비하고자 마음 먹어라. 당신 인생의 후반기를 인생에서 최고의 시기로 만드는 데 필요한 새로워진 에너지를 산출하라.

우선 전보다 1시간 일찍 일어나 하루를 시작하라. 그러면 당신이 정말로 하고 싶은 것을 할 수 있는 시간이 1년에 365시간, 즉 15일이 여분으로 생겨날 것이다. 한 달에 30시간 동안 무엇을 할 수 있는지 머릿속에 떠올려보라. 그것은 자신이 원하는 것을 시작하거나 자신의 세계를 확장시켜 나갈 모험을 감행하기 위해 매달 3일간의 휴가를 얻는 것과 같다.

당신은 명상을 하거나, 운동을 하거나, 독서를 하거나, 글을 쓰거나, 그림을 그리거나, 친구들과 이야기를 나누는 데 필요한 시간을 손에 넣을지도 모른다. 이 모든 일을 매일 1시간 일찍 일어남으로써 이룰 수 있다.

혹 당신은 인생이 좀더 확장되기 바라는 마음으로 무엇인가에 몰두하기를 원하는지도 모른다. 예를 들어 당신은 매일 밤 잠자리에 들기 전에 소설을 읽는 대신 일주일에 하루 정도는 영감을 주는 책을 읽을 수도 있다. 또는 금요일 밤에 슬픈 영화 대신 '로마 월드컵에서의 3대 테너' 공연 실황 비디오를 빌릴 수도 있다.

당신은 길모퉁이 피자집에 가는 대신에 친구와 함께 피자를 만들어 먹을지도 모른다. 당신의 정신을 확장시켜 주지도, 영혼을 만족시켜 주지도 않는 일을 반복적으로 하기보다 이전에 해보지 않았던 것을 시도해 보라.

급격하게 변화하는 세상에는 사소한 일로 즐거움을 맛볼 수 있다. 패트병에 담긴 물을 마시는 것과 레몬 조각이 떠 있는 크리스털 잔 속의 물을 마시는 것의 차이에 대해 생각해 보라. 열정을 지닌 사람들은 음식을 소개하는 일이든, 선물을 포장하는 일이든 이야기를 상세히 묘사하는 일이든 간에 기쁨을 누리기 위해 이런 일에 몰두하는 장점이 있다.

나는 갓 딴 싱싱한 꽃을 사랑해 일 년 내내 집 안을 장식하는데, 최근에는 옷 갈아 입는 방을 꽃으로 장식했다. 이제는 아침에 일어나서 꽃을 바라보고, 밤중에 자기 전에 다시 한 번 바라보는 것은 자연의 경이로움을 체험하는 나만의 방식이 되었다. 아침마다 내게 활력을 주는 이런 체험을 일상의 목록에 추가하는 데 왜 그렇게 오랜 시간이 걸렸는지 모르겠다.

몇 년 전에 나는 또 다른 작은 변화를 꾀한 적이 있다. 나는 사무실을 창문이 없는 건물에서 집으로 옮겼다. 지금 나는 두 개의 창문으로 햇빛이 흘러들어 오고, 애견 사샤가 옆에서 기분 좋은 듯 웅크리고 앉아 있거나 산책갈 때라고 내게 알려주는 곳에서 글을 쓰고 있다.

잠시 머리를 식힐 수 있는 정원이 가까이에 있고, 이른 아침이나 적막한 밤에도 편안히 일할 수 있다. 게다가 일하면서 슬리퍼를 신고 있어도 된다. 사소한 것이 변화를 낳는 것이다.

우리는 삶의 활력을 느끼면서 판에 박힌 일에 쫓기지 않아도 된다. 우리는 발상의 전환을 통해 불꽃 같은 열광이나 열정의 삶을 살 수 있다. 경치가 좋은 길을 따라 일터로 가거나, 이국적인 테이크아웃 레스토랑을 발견하거나, 해가 지는 것을 지켜볼 수 있는 장소를 찾아다니라. 원하는 대로 오후에 할 일을 계획하거나, 아주 색다른 장르의 책을 읽거나, 외국 문화에 대해 배워보거나, 전혀 생소한 음악에 귀를 기울이라.

친구를 만나 점심식사를 같이 하거나, 인터넷 채팅방에 들어가 알지 못하는 누군가와 이야기를 나누라. 아니면 요가나 명상을 시작하라. 혹은 사이클링 클럽이나 조정 클럽에 가입하라. 마라톤에 도전하거나, 새집을 만들거나, 현관 입구에 빨간 페인트를 칠하라. 당신이 삶의 요소를 바꾸기 위해 안락 의자에서 일어나는 순간, 삶의 생동감과 활기는 당신을 사랑한다.

전신 마사지, 공원에서의 점심 식사, 향기가 좋은 커피,
고전 음악, 요가 교실, 친구와의 재즈 댄스,
미술관에서의 한 시간, 해변길 산책…….
어떤 것이 당신을 즐겁게 해줍니까?
당신을 즐겁게 해주는 것을 가까이에 두십시오.

감사하며 축하하라

자신의 일상을 즐기고 삶의 지평선을 확장시키는 와중에, 활기차고 생동감 넘치게 해주는 또 다른 길을 알기 원한다면 발걸음을 멈추고 인생에서 누려왔던 축복에 대해 감사하는 마음을 가져라. 자신에게 주어진 삶에 감사하는 마음을 가진다면 불우한 기분은 사라질 것이다.

기쁨의 대상이 새의 노랫소리든, 바흐의 콘체르토이든, 초콜릿 한 조각이든, 미식가를 위한 진수성찬이든, 첫 번째로 핀 크로커스이든, 눈부신 백합 다발이든, 발걸음을 멈추고 음미하고 감사하라. 세상의 절대적인 아름다움을 숭배함으로써 완전한 자각을 연마하라. 세상을 좀더 아름답게 만들고자 노력하는 예술가들을 칭찬하고 격려하라. 자연이나 예술 뒤에 숨어 있는 창조적인 힘에 맞닥뜨렸을 때, 당신은 주체할 수 없는 활기나 생동감을 느낄 것이다.

친구나 사랑하는 사람과 함께 일터나 집에서 자주 이벤트를 마련하라. 생일이나 기념일, 인생의 중대 시점이나 획기적인 사건이 일어난 날 등을 잊을 수 없는 축제일로 만들라. 멋진 카드나 풍선으로 방 안을 꾸미고, 정장을 입으면 멋진 공간이 연출될 것이다.

그리고 그 순간을 특별한 날로 기억하라.

샴페인의 코르크 마개를 신나게 열고, 피아노를 치거나 어릴 적의 순수함을 되찾으려 노력하라. 노래하고 춤추고 음악을 연주하라. 웃고 서로를 껴안고, 마치 영화의 주인공이라고 된 것처럼 소감을 말하라. 경쾌하게 축배를 하고 나서 수첩에 감상을 적고 평생 남을 사진을 찍으라. 들뜬 마음으로 떠들면서 건강과 오랜 우정을 기원하라. 이런 것들이 인생의 참된 보물이다.

삶에 대한 열정에 연료를 공급하기 위해서는 맘껏 즐기고, 훨씬 더 많은 것을 받아들이고, 자연의 은혜와 친구들의 우정을 칭송하라. 좀더 주의를 기울이고, 모험을 즐기고, 자신의 삶을 빛나게 해 주는 모든 것에 감사하라.

마음의 문제가 인생에서 가장 중요하다.

PART 5
배려하고 신뢰하는 인간관계를 만들어라

— 삶 속에서 인간관계를 심화시키는 방법

크게 실패할 용기가 있는 사람만이 크게 성공할 수 있다. — 케네디 Robert F. Kennedy

우리는 어린 시절 생존을 위해 다른 사람들에게 의지를 한다. 좀더 자란 후에는 자신이 사랑스럽고 유능하다는 것을 확인하기 위해 다른 사람들(부모, 직장 상사, 배우자, 친구)에게 의존한다. 그리고 마침내—혼자 힘으로 성공했을 때—우리는 타인에 대한 의존에서 벗어나게 된다. 역설적으로 중년의 사람들은 다른 사람들이 자신을 긍정해 줄 필요가 없다는 것을 깨닫듯이, 다른 사람들이 자신보다 나을 필요가 있다는 것도 발견한다.

사람은 결국 죽어야 할 운명임을 새삼 깨닫고, 중년에 공명을 일으키는 질문—이것이 다인가?—을 던질 때, 우리는 남에게 베푸는 것에서 의미를 찾고, 마음의 문제가 인생에서 얼마나 중요한지 깨닫기 시작한다. 우리는 죽어가는 남자가 "돈을 더 많이 벌었어야 했어"라고 말하거나, 죽어가는 여성이 "직업적으로 좀더 성공을 거두었어야 했어"라고 말하는 것을 본 적이 없을 것이다. 오히려 우리가 듣게 되는 말은, 제대로 된 인간관계를 맺지 못한 것과 열심히 살지 못한 인생에 대한 후회이다.

마지막 순간에 많은 사람들은, 사랑하는 사람들과 더 많은 시간을 보내고, 그들의 입장을 좀더 잘 알았었더라면 좋았을 거라고 말한다. 불행하게도 우리는 병에 걸리거나, 사고를 당하거나, 중대한 손실을 입은 뒤에야 비로소 소중히 여겨야 하는 인간관계와 인생을 만족시켜 주는 것에 관해 눈을 뜨는 경우가 많다. 그러나 우리는 이런 인생의 교훈을 지금 깨달을 수 있다.

연배가 높은 사람들의 말에 귀를 기울이고, 자기 마음속에서 울려퍼지는 지혜의 소리를 들으면 된다. 우리는 배려하고 이해하고 서로를 사랑하는 인간관계를 통해서 진실을 배운다. 자신의 에너지를 부의 축적에 소모하지 말고 존재 자체를 위해 활용하면 자기만족감이 늘어나고 삶이 확장될 것이다.

자기애로 시작하라

아낌없이 타인에게 사랑을 주기 위해서는 자기 자신을 사랑할 수 있어야 한다. 하루하루 자신을 인정하고 긍정할 수 있는 새로운 기회로 삼아라. 거울 속의 당신이 마주보고 있는 사람을 사랑하고 있음을 인정하라. 매일 밤 하루를 무사히 마친 것을 축하하고, 어떤 실수를 했든 자신을 용서하라. 또한 "나는 바보야." "나는 이기적이야." "나 자신이 정말 부끄러워." 등과 같이 자신을 무기력하게 만드는 메시지가 느껴질 경우에는, 당신은 정신 테이프 몇 개를 녹음해야 할지도 모른다.

3단계에서 우리는 확언의 사용에 대해 알아보았다. 부정적인 생각을 추방하고, "나는 자존심이 강하고 관대하며 무엇이든 빨리 배운다"와 같이 힘을 주는 메시지를 맞아들이라. 자신에게 힘을 주는 생각 몇 가지를 적고, 매일 같은 시간(잠에서 깨어났을 때, 정오, 잠에 빠져들기 직전)에 그것들을 읽으라. 당신에게는 모든 부정적인 메시지를 가치와 사랑, 유능함이라는 진술로 교체시킬 힘이 있다.

이를 통해 당신은 자신을 에워싸고 있는 큰 사랑을 받아들이게 되고, 자신을 좀더 많이 사랑할 수 있게 될 것이다. 그리고 나서 당신은 주의 대신 깊은 관계를, 행위 대신 친교를 추구하게 될 것이다. 당신은 적절한 곳에서, 즉 헌신적인 가족, 성실한 친구들, 열정을 공유하고 신뢰할 수 있는 동료들과 함께 당신 안에서 사랑과 배려를 발견하게 될 것이다.

무조건 주라

당신은 "돌아서 가는 것은 돌아서 온다"는 말을 들어본 적이 있을 것이다. 사랑 역시 원의 형태로 흐른다. 사랑을 많이 줄수록 더 많이 받고, 많이 받을수록 더 많은 사랑을 줄 수 있다. 사랑이 자연스럽게 흐르면 우리의 에너지와 활기, 생동감, 삶에 대한 열정을 실감할 것이다.

인간관계를 단단하게 맺기 위해 우리는 자아를 초월하고 개인적인 두려움을 넘어서 무조건적인 사랑으로 나아가야 한다. 우리는 바로 여기에서 사랑의 역설(paradox), 즉 많이 줄수록 더 많이 받게 된다는 사실을 배우게 된다. 사랑을 공유하는 특별한 단계에 이르면, 우리는 영원히 곁에 머무는 사랑을 받게 된다. 빌과 셜리는 이런 사랑을 했다.

빌과 설리는 서로를 열렬히 사랑하는 커플이었다. 십대 때 결혼한 두 사람은 40년 이상 함께 살았는데, 빌이 백혈병 진단을 받고 말았다. 그들은 오랫동안 함께 살아오면서 수많은 일을 겪었다. 네 명의 자식을 낳았고, 장남이 세상을 떠났으며, 빌은 여러 차례 건강의 위기를 맞이했다. 그리고 지금 작별인사를 해야 하는 순간에 직면했다.

강인한 성격의 소유자인 설리는 자신은 가족과 친구들로부터 과분한 애정을 받고 있다고 말했다. 하지만 사람은 오랫동안 함께하다 헤어지면 마음에 큰 구멍이 뚫리게 마련이다. 정적이 귀를 먹먹하게 만든다. 혼자라는 느낌이 강하게 든다. 하지만 그토록 깊이 사랑했는데 정말로 혼자일까?

빌은 세상을 떠나기 전에 아내가 살 곳 때문에 걱정하지 않도록 주택 대부금을 갚았다. 하지만 몇 가지 예측하지 못한 상황 때문에 설리는 생각보다 많은 세금을 내게 되었다. 이를 위해 그녀는 5천 달러가 필요했다. 그것은 고약한 일이었다.

빌은 아내를 보호하기 위해 정말이지 많은 애를 썼다. 하지만 무거운 슬픔에 잠겨 있는 지금, 그녀는 예상치 못한 어려움을 겪게 된 것이다. 그녀는 계속 일할 자신이 없음에도 불구하고 은퇴를 못하게 될지도 모른다고 생각했다. 보석 조립 일 때문에 관절염은 점점 악화되고 있었다.

그런데 이때 그녀는 무엇엔가 이끌려 책상 서랍 속에 들어 있는 오래된 서류 파일을 들춰보게 되었다. 그 서류 속에는 보험증서가 들어 있었다. 유효 기간이 끝났을 것이라고 생각될 정도로 무척 오래된 것이었다. 하지만 그녀는 빌이 일했던 회사에 전화를 했다.

사원은 상냥하고 동정적이었지만, 보험회사와 더 이상 거래를 하지 않았기 때문에 그 증서의 유효기간이 지났을 것이라고 조심스럽게 말했다. 하지만 그녀는 직접 확인 전화를 해볼 생각이었다. 그런데 바로 전화벨이 울렸다. 좀 전의 사원은 증서가 아직도 유효하다며, 5천 달러의 수표, 그러니까 그녀가 대출금 때문에 필요로 하는 액수를 요구할 수 있다고 말했다. 그녀가 자신은 혼자가 아니라는 것을 알게 된 것은 바로 이때였다. 설리는 빌이 아주 오랫동안 그랬던 것처럼 아직도 자신을 저 위에서 지켜보고 있다는 것을 깨달았다.

사랑이 무조건적일 때에는 관계가 영원히 지속된다. 모든 귀중한 관계—가족이나 친구, 배우자, 높은 자아, 그리고 우주와의 관계—는 무조건 주려 할 때 강화된다. 우리가 진심으로 아낌없이 줄 때 깊은 유대가 형성된다.

삶 속에서 인간관계를 심화시키고 싶으면 보다 견고한 관계를 확립할 수 있는 네 가지 가이드라인, 즉 "시간을 들여 이해하라." "주는 데 앞장서라." "고맙게 받으라." "충실하게 행동하려고 애쓰라."는 말을 마음에 새겨보라.

시간을 들여 이해하라

견고한 관계는 상호 의존, 즉 정중하고 만족스러운 공존에 대한 약속을 통해 성립된다. 관계를 맺기 위해 우리는 상대방을 잘 알아야 한다. 우리는 이해를 통해 우정이라는 유대관계를 맺는다. 서로의 가치와 관심, 재능, 욕구에 대해 알게 되면 에너지가 교환된다. 상대를 기쁘게 해주고 싶어할 뿐만 아니라 무엇이 상대를 기쁘게 해줄지 주의하게 되는 것이다.

다른 사람들에게 무엇이 중요한지 이해하게 되면, 상호 작용이 희미해지더라도 오랫동안 기억할 수 있는 의미 있는 방식으로 사랑과 애정을 표현할 수 있다. 상대에게 의미 있는 것이 무엇인지 아는 것은 선물을 하거나 대화를 하는 것보다 훨씬 중요하다.

아마 당신은 누군가를 기쁘게 해주려 애쓰다 한두 번 실패한 경험이 있을 것이다. 당신은 친구를 위해 한 일인데 결과적으로 상대를 괴롭히게 된 경우도 있을지 모른다. 아마 당신은 정말 중요한 연구 프로젝트에 많은 시간과 공을 들였지만, 결과적으로 그것이 당신의 상사나 고객에게 별로 중요하지 않은 결과를 맛보았을 수도 있다.

상대가 필요로 할 거라는 가정 속에서 우리는 선물은 주지만 주의와 이해라는 가치를 건네주지는 못한다. 견고한 관계의 핵심은 상대를 이해하고 서로에게 필요한 것을 충족시켜 주고 싶어하는 욕구이다. 친밀한 관계이든 직업적인 관계이든 사회적 관계이든, 상대에 대한 이해를 심화시키는 것이 중요하다. 그때 비로소 당신은 의미 깊고 기억할 만한 방식으로 누군가를 인정하고 지원할 수 있다.

사랑과 존경을 증명하기 위해 우리는 상대에게 필요한 것이 무엇인지 주의를 기울이고 그들이 가치 있게 여기는 것을 존중해야 한다.

한 서비스 업체의 사장인 켄은 쾌활하고 헌신적인 일꾼이다. 그는 자신의 일을 사랑하고 일도 그를 사랑하고 있다. 그런데 문제는 직업상 자주 가족과 떨어져 오랫동안 여행을 해야 한다는 것이었다.

아버지와 남편으로서의 역할을 제대로 수행하지 못하면서 그는 어려움을 겪게 되었고, 그 스트레스로 그의 건강과 가족의 행복이 타격을 받기 시작했다. 그는 자신이 물질적으로 가족을 부양하는 것과 감정적으로 부양하는 것 사이에서 왔다갔다한다는 사실을 알았다. 그는 얼마간 양보를 해야 했다. 그는 가족이 가장 필요로 하는 것이 무엇인지 다시 생각해 보아야 한다는 사실을 알고 있었다.

그는 상당히 과감한 선택을 했다. 출장이 많지 않은 일자리를 얻기 위해 수입이 줄어드는 걸 감수했다. 그는 또 스트레스를 줄이고 십대인 자녀들과의 관계를 원활하게 하기 위해 카운슬링도 받았다. 그는 오랫동안 몸에 밴 업무 습관을 바꾸고 가족에게 가장 중요한 것, 즉 사랑과 주의, 대화 등을 위해 해야 할 일의 우선 순위를 바꾸었다.

켄은 아무리 사회적으로 훌륭한 일을 수행하더라도 그 대가가 사랑하는 사람들과의 관계 단절이라면 결코 바람직하지 않다고 생각했다. 그러고 나서 1년이 지난 지금, 그는 가족과의 관계가 아주 좋아진 것을 발견했다. 또 수입이 좀 줄기는 했지만, 직업을 바꾸었다고 해서 불편한 점은 발견하지 못하고 있다. 예전보다 경제적으로 빡빡하지만 이는 가정의 평화와 사랑를 위해 치른 작은 대가였다.

어떤 인간관계에서든 다른 사람들이 필요로 하는 요소를 이해해야 한다는 원리는 아주 중요하다. 효과적인 협상의 바이블《예스를 이끌어내는 방법(Getting To Yes)》의 공동 저자인 피셔와 유리는 이렇게 말하고 있다. 상대방이 필요로 하는 것을 상대보다 더 정확하게 알고, 그것을 설득력 있게 설명할 수 있을 때까지는 협상할 태세가 되어 있지 않다는 것이다. 이런 사항이 준비되었을 때에 비로소 테이블로 가야 한다.

우리는 대부분 상대방이 가치 있게 여기는 것에 대해 전혀 모르는 상태에서 협상 테이블로 향한다. 이로 인해 우리는 협상을 유리하게 이끌 재료를 찾을 수 없는 상황에 놓이게 된다. 상대편이 의미를 두는 것이 무엇인지 모른다면 어떻게 협상을 할 수 있겠는가? 상대방이 우리로부터 그들이 필요로 하는 것을 이해받고 존중받고 있다고 믿지 못한다면 그들이 우리와 협상할 이유는 없다.

인간관계는 상호존중을 출발점 삼아 믿음으로 번성한다. 묻고 귀기울이고 관찰하는 것을 통해 상대방을 존중한다는 것을 증명할 수 있다. 상대방의 우려를 해소시켜 주고, 그들에 대한 관심이 많다는 것을 보여주고, 그들이 가치 있다고 여기는 것에 신경을 쓰고, 그들의 욕구 충족을 도와주고 싶어할 때, 가장 견고한 유대 관계가 형성된다.

우리는 기호나 가치관을 공유하지 못하더라도 상대방의 기호와 가치관을 존중할 수는 있다. 자신의 욕구를 충족시키고자 하면서도 다른 사람들의 욕구를 존중할 때, 인간관계에 성공할 수 있다.

주는 데 앞장서라

이해라는 선물 외에, 우리 대부분이 받기를 원하는 것, 즉 인정과 애정으로 주의를 기울여줌으로써 모든 인간관계를 강화시킬 수 있다.

세상에 대한 우리의 인식은 무수한 방식으로 영향을 받는다. 우리의 민족성, 교육, 실패와 성공, 부모와 가정 교육, 타고난 지력과 감정적인 기민성, 정치와 종교, 심지어는 성(性)과 나이에 의해……. 사실 우리의 인식은 자신이 경험한 모든 것의 부산물이다. 그러므로 당연히 우리들은 현명하다, 어리석다, 공평하다, 불공평하다, 옳다, 그르다, 선하다, 악하다고 생각하는 것에 대해 좀처럼 의견의 일치를 보지 못할 것이다.

상대방과의 신뢰 관계를 구축하기 위해서는 자신과 다르게 생각하거나 행동하는 사람들을 판단하거나 비판하지 말아야 한다. 우둔하다, 어리석다, 이기적이다, 약하다와 같은 말로 상대방의 생각이나 행동을 규정하게 되면 당신은 그 사람에게서 멀어질 수밖에 없다.

판단하거나 비판함으로써 당신은 그 사람 위에 자신을 올려놓는다. 그리고 이것은 당신이 상대보다 어떤 의미로든 더 낫고, 당신의 방식만이 옳다는 것을 의미한다.

사실 당신이 진실로 알고 있는 것은 당신의 진리뿐이다. 당신과 마찬가지로 사람들은 그들이 알고 있는 것에 따라 행동한다. 그것은 그들이 나쁘거나 정의롭지 못하다는 것을 의미하지 않는다. 그들은 그냥 존재할 뿐이다.

좀더 깊은 관계를 맺기 위해서는 상대에게 귀기울이는 법과 제시된 제안을 고려하는 법을 배우라. 또 다른 사람들이 해고당하거나 강등당하거나 거부당하지 않을까 두려워하지 않고 자신 있게 자신만의 선택을 하는 법을 배우라. 용인하는 연습을 하라.

인간관계 카운슬러들은 고객들에게 자주 이렇게 묻는다. "당신에게 좀더 중요한 것은 어느 쪽입니까? 옳은 것입니까, 아니면 행복한 것입니까?" 당신이 언제나 옳다고 고집을 부린다면, 당신의 인간관계는 어려움을 겪을 것이다.

지각(知覺)에 귀기울이고, 자신의 판단에 의거하며, 다른 시각으로 사물을 볼 수 있는 각자의 권리를 존중하라. 인간관계상 차마 하기 어려운 말을 해야 할 때에도, 우리는 붓다가 정언(正言)이라고 칭한 것의 전문가가 되는 법을 배울 수 있다.

붓다는 이렇게 썼다. 우리는 상대가 사랑받고 있다는 느낌을 받도록 말하는 법을 배워야 하고, 이런 방식을 이해할 수 있을 때까지 고귀한 침묵을 유지해야 한다고……. 진리를 말하되 언제나 친절하게 말하라.

우리는 누구나 애정을 필요로 한다. 그리고 다행히 이것은 누구나 쉽게 주고받을 수 있다. 애정어린 눈길을 보내거나, 따뜻한 미소를 짓거나, 다정하게 악수를 하거나, 아주 힘껏 껴안아준다면 다른 무엇이 필요하겠는가? 이런 적절한 선물이 누군가의 기념일을 의미 깊게 하는 경우가 많다.

당신은 방을 환히 밝히거나, 공허한 하루를 가득 채워주거나, 우울한 마음을 활기차게 만들어줄 수 있다. 그렇게 하면 주는 것보다 훨씬 더 많은 것을 받기 때문에 언제나 기분이 좋을 것이다.

여러 해 전에 친정 아버지가 심장병 때문에 결국 병원에 입원하였다. 그분의 삶에 대한 정열을 기억하는 까닭에 몸이 악화되어 가는 것을 지켜보는 것은 힘든 일이었다. 나는 거의 매일 병원에 찾아가다시피 했기 때문에 아버지 옆 침대의 한 남자와 꽤 친밀한 관계를 맺게 되었다. 그는 자살을 시도했다가 눈이 멀게 된 사연이 있었다. 이 아이러니컬한 상황이 내 마음에 깊이 사무쳤다.

삶을 사랑하는 내 아버지는 죽어가고 있는 반면에, 그 옆에는 죽고 싶어하는 남자가 눈이 먼 채 홀로 삶에 직면하고 있었다. 병원에 찾아갈 때마다 우리는 위안거리를 함께 나누곤 했지만, 내가 받는 선물이 훨씬 크고 많았다.

두 사람은 나의 사소한 변화에 대해 알게 해주었고 깊은 애정의 눈길을 보내며 나에게 말을 건넸다. 지금도 나는 아버지가 애정을 담아 나를 호박이라 부르고, 눈먼 남자가 나를 햇살이라 부르던 기억을 더듬으면 마음이 따뜻해진다. 애정어린 말 한 마디는 평생 기억에 남는 경우가 많다.

당신은 사려 깊은 메모나 작은 친절의 표시를 통해, 상대방으로 붓다가 말했습니다.
"우리는 상대가 사랑받고 있다는 느낌을 받도록 말하는 법을 배워야 하고, 이런 방식을 이해할 수 있을 때까지 고귀한 침묵을 유지해야 한다……."

하여금 누군가 자신을 위해 마음을 쓰고 있다는 것을 느끼게 해줄 수 있다. 이런 행위야말로 우리가 사랑을 느끼도록 도와주는 경우가 많다. 누구에게나 수중에 이런 보물이 있으면 그 따뜻한 마음이 우리를 흠뻑 적셔줄 것이다.

내 책상 위에는 베네치아산 밀레피오리 유리(꽃무늬 등을 표현한 장식 유리) 별이 들어 있는, 암청색 유리로 만들어진 작고 둥근 서진(書鎭)이 눈에 띈다. 그것은 내 고객이기도 한 내 친구가 "당신은 사람들이 손을 뻗어 별을 잡을 수 있도록 도와주기 때문에……"로 시작되는 메모를 붙여 내게 건네준 것이다. 날마다 그 작고 아름다운 감사와 존경의 시금석을 보면 내가 되고 싶은 종류의 사람이 생각난다.

마음의 벗인 마이크가 금년에 황금빛 브로치, 그러니까 〈영혼까지 만족시키기〉 시리즈의 상징인 깃털 모양의 장식핀을 선물해 내게 깊은 감동을 주었다. 그는 원고가 완성되기 전, 마지막 수정을 하면서 나의 영혼까지 만족시켜 줄 무언가가 몹시 필요할 때 마침 이 선물을 주어 내게는 더욱더 특별한 것이 되었다. 나는 그 황금빛 깃털을 보기만 해도 마음이 사랑으로 부풀어오른다.

내 친구 한 명은 자신이 애정을 기울여 손수 만든, 아름답고 독창적인 선물을 내게 건네곤 한다. 그래서 누비 이불과 부식 동판

화, 날염천, 장식용 베개 등이 내 방을 장식하고 있다. 이런 것들을 통해 우리 두 사람은 서로를 소중하게 여기고 있다는 깊은 우정을 느끼곤 한다.

친구끼리 무언가를 주고받는 게 가장 필요한 선물일 때가 있다. 우리는 새로 얻은 정보나 삶 속에서 배운 교훈, 앞으로 나아가는 법에 관해 공유할 수 있다. 물론 이 선물은 서로 마음을 열어야 주고받을 수 있다. 우리 자신에게 이 선물은, 더 이상 화롯가에 둘러앉아 옛이야기 속에 담긴 조상들의 지혜에 귀를 기울이지 않는 우리 시대에 특히 의미가 깊은 것 같다.

우리는 점점 가족과도 단절감을 느끼고 심지어 인생의 스승도 부족하다. 우리 세대에게는 특히 마음의 공유가 중요하다. 아이디어를 공유하고 관계를 구성하면서 서로에게 의지할 수 있다면, 우리는 훌륭한 인생의 후반기에 도달하는 길을 충분히 발견하게 될 것이다.

고맙게 받으라

견고한 인간관계는 주고받는 쌍방 흐름에 의해 완성된다. 고맙게 받는 것이 아낌없이 주는 것만큼 중요하다. 여기에는 주는 것을 순순히 받고, 필요로 하는 것을 요청하고, 받은 것에 감사하는 것이 포함된다.

사랑을 순순히 받아들이는 것이 언제나 쉬운 일은 아니다. 상처를 입었을 경우에는 특히 그렇다. 다시 마음을 터놓기까지는 용기가 필요하다. 그러나 이를 실행하면 더그가 발견했듯이 행복해질 가능성이 높다.

유명 보험회사의 위험률 평가인인 54세의 더그는 췌장암으로 평생의 동반자를 잃었다. 그녀는 12년 전에 죽은 더그 어머니의 기일에 세상을 떠났다. 기독교 신자였던 더그는 비탄과 우울 속으로 깊이 빠져듦에 따라 신앙심 역시 옅어져 갔다.

하나님조차 자신의 기도에 응답하지 않았기 때문에 자신이 살아가야 할 이유는 별로 없는 것 같았다. 평소 쾌활했던 그는 자꾸 화가 치밀고 우울한데다가 궁지에 몰린 기분이었다. 친구들과 가족 역시 그에게 위로가 되지 않았다. 동료들은 이해하지 못하는 것 같았다. 슬픔을 짊어진 그는 예전의 활기를 되찾을 수 없을 것 같았다.

그러던 어느 날 그는 교회 예배에 참석하기로 결심했다. 예배가 끝난 뒤에 그는 청년부 교사가 된 것을 축하하기 위해 신도 한 명에게 인사를 건넸다. 4년 전에 암으로 남편을 잃은 그녀는 그의 고통을 잘 알고 있었기 때문에 애도의 뜻을 표했다. 그들은 이야기를 나누면서 점차 가까워졌다. 그래서 그들은 좀더 오래 함께 있었다. 곧 교회는 정막에 휩싸이고 주차장도 텅 비었다. 그들은 커피를 마시러 인근 레스토랑에 갔다. 그리고 저녁식사 때까지 이야기를 나누게 되었다. 그리고 나서 그들은 헤어졌다.

더그는 자신을 치유시키고 다시 사랑할 수 있다는 믿음을 회복시켜 주기 위해 천사가 파견되었다고 지금도 말하고 있다. 1년도 채 안 돼 그들은 결혼했다. 지금까지 그들은 여전히 자신들의 만남은 사랑의 기적이라고 말한다.

우리가 선의를 베풀고, 다른 사람들과 접촉하려 하고, 친절을 순순히 받아들일 때, 종종 기적이 일어나는 것이 흥미롭다. 당신은 마지막으로 마음을 열고 자신이 원하는 것을 요청한 것이 언제인가? 당신은 자신이 원하는 것이 무엇인지 확실히 알지 못할 수도 있다.

반면에 당신은 자신이 원하지 않는 것에 대해서는 확실히 알고 있을 것이다. 예를 들어 당신은 자신이 더 이상 판매 책임을 맡거나 해외 출장을 다니고 싶어하지 않는다는 것을 알고 있을 것이다. 당신은 아이들을 학교까지 태워다주는 일을 더 이상 하고 싶지 않거나, 더 이상 식품점에서 반찬거리를 사고 싶어하지 않는다는 것을 알지도 모른다. 또 자신의 생일날 친척들과 저녁식사를 하고 싶어하지 않을지도 모른다.

우리들 대부분은 자신이 원하지 않는 것이 무엇인지 잘 알고 있다. 문제는 원하지 않는 것을 제대로 표현하지 못한다는 것이다. 이런 접근방식으로는 자신이 원하는 것을 얻을 수 있는 가능성이 매우 낮다. 만족스런 인간관계의 비결은 자신이 원하는 것을 전달하는 것이다.

일반적으로 남성들은 여성들보다 자신이 원하는 것을 더 잘 요청한다. 여성들의 경우 어떤 것을 요청하지 않는 것을 더 높이 평가하는 것 같다. 엄밀히 말해서 이것은 우리가 독심술을 존중한다는 뜻이 아니다. 우리는 무엇인가를 요청하는 것은 좋지 않다고 배웠는지도 모른다. 혹은 사람이란 정말로 주의를 기울이고 자신을 알게 되면 목록을 적어주지 않아도 원하는 것을 알게 될 것이라고 믿고 있는지도 모른다. 문제는 이런 자신의 기호(嗜好)를 표현하지 않을 경우 당신의 상대가 어떻게 그것을 알 수 있겠는가이다.

그것은 직장에서의 인간관계나 직업상의 협력 관계에서도 마찬가지이다. 자신이 맡고 싶은 역할이 무엇인지, 어떤 대가가 가장 의미 있는지, 어떤 종류의 계약이 자신에게 가장 좋은지 확실히 모른다면 어떻게 협상할 수 있겠는가?

믿든 안 믿든 당신의 고객이나 동료, 파트너는 대부분 당신을 괴롭힐 방법을 고안하느라 밤을 새우지 않는다. 그들이 당신을 만족시킬 방법을 모를 가능성이 훨씬 더 높다.

1단계에서 당신은 어떤 인간관계를 좋아하는지 꿈을 꾸어보라는 요청을 받았다. 그 꿈을 실현시킬 수 있는 한 가지 방법은 다른 사람들에게 당신의 꿈을 알리는 것이다. 당신에게 가장 중요한 것이 무엇인지, 당신을 기분 좋게 만드는 것이 무엇인지, 무엇이 당신의 관심을 끄는지, 어떤 것이 당신을 기쁘게 하는지, 무엇이 당신의 기운을 북돋우는지, 어떤 것이 당신이 최선의 행동을 하도록 도와주는지, 압력을 받고 있을 때 당신은 어떤 종류의 지원을 필요로 하는지, 어떤 행위가 당신의 신뢰를 높이는지를 전달하라.

고맙게 받는 것은 발걸음을 멈추고, 존경심을 나타내고, 사의를 표하는 방식으로 우리에게 주어지는 모든 사랑에 감사하는 것이다. 이런 선물은 언제나 환영받고 비용도 들지 않는다. 당신의 인생에 중요한 공헌을 한 사람들을 생각해 보고, 그들은 자신의 인생에서 어떤 의미를 갖는지 말해보라(그들이 세상을 떠났다면 기도를 하거나 일기에 적는 방식으로). 당신의 인생에 선물을 준 그들에게 감사하고, 그들이 당신이 성장하는 것을 어떻게 도와주었는지 알게 해주라.

전화나 메모 혹은 기도까지 고려하라. 시간이 나면 예쁜 그릇에 감사의 메시지를 새겨넣어라. 당신이 감사하는 순간에 느꼈던 메시지를 전함으로써, 사랑하는 누군가를 위한 정성이 담긴 상자를 만들 수 있다. 이때 메시지의 내용은 개인적인 확언과 관련되어 있다.

언젠가 나는 언니를 위해 이런 상자를 만들었고 형부와 조카, 친구들을 초대한 뒤 이들의 메시지도 추가했다. 다음의 내용에서 더그가 형 빌을 위해 감사의 편지를 쓴 것처럼 당신도 그렇게 할 수 있다.

빌은 백혈병과 싸우고 있는 와중에 동생으로부터 아름다운 편지를 받았다. 더그는 편지에다 빌에게서 배운 것들에 대해 감동적으로 표현하고, 자신이 항상 감탄했던 빌만의 개성에 대해 묘사했다. 그는 빌의 조용한 성품에 대해 말하고, 그가 어떻게 대단한 용기와 무조건적인 사랑을 보여주었는지 설명했다.

애정이 깃들인 동생의 편지를 거실 벽에 붙여놓았을 정도로 빌에게 이 편지는 큰 힘이 되었다. 그 후 빌은 자신이 암과의 싸움에서 승산이 없자, 자신의 장례식장에서 그 편지를 읽어달라고 더그에게 부탁했다. 더그는 장례식에 참석한 우리들 앞에서 감동적인 편지를 침착하고 위엄 있게 읽어나갔다. 이렇게 풍부한 사랑 앞에서 상처받은 영혼은 큰 위안을 받는다.

크리스마스가 다가오자 빌의 큰딸은 아버지의 지인들에게 선물하기 위해 이 편지를 복사한 뒤 아름다운 액자에 넣었다. 형을 칭송하는 진실한 편지는 많은 사람들, 즉 빌을 비롯해 그의 친구들, 그리고 온가족에게 의미 있는 선물로 변했다.

당신은 또한 누군가에 대한 감사의 편지를 녹음해서 들려줄 수도 있다. 예를 들어 당신에게 소중한 친구에게 감탄했던 순간과 감동받았던 행동에 대해 말해줄 수도 있다. 그렇게 하면 당신의 목소리가 누군가의 마음속에 잔잔하게 울려퍼질 것이다.

지난 크리스마스에 나는 남편을 위해 감사의 테이프를 만들었다. 내가 그에 대해 감탄했던 순간을 녹음하고, 그가 내게 전해준 큰 사랑에 감사했다. 나는 우리가 떨어져 있을 때조차 그가 내 사랑의 말을 듣기를 바랐다.

바쁜 시간을 쪼개 감사의 마음을 전하는 것은 아주 풍부한 애정 표현이다. 전자 메일과 전화 자동 응답기를 이용해 간단히 감사의 마음을 전하는 것 또한 전화를 걸거나 직접 방문하는 것보다 귀중한 선물일 수도 있다.

최근 한 친구는 눈코 뜰 새 없이 바쁜 와중에도 두 시간이나 할애해 나를 위해 몇 가지 조사를 해주었다. 그녀는 생각이 깊고 말을 잘하기 때문에 내게 큰 도움이 되었다. 그녀는 이 더없이 후한 선물을 우아한 리본으로 포장한 것이다. 그것은 우리의 우정이 그녀에게 무엇을 의미하는지 표현해 주었다.

이 책을 쓸 때 또 다른 친구가 감사의 선물을 보내주었다. 그는 내 원고의 초고를 검토해 주고 나서 통찰력 있는 논평과 원고의 수정에 도움이 되는 의견도 제시해 주었다. 또한 다음과 같은 기분 좋은 메시지를 보내주었다. "당신은 내 고민을 귀기울여 들어주고 조언을 해주었으며, 내가 문제를 해결할 수 있도록 도와주었고, 올바른 시각을 제공해 주었습니다. 그리고 언제나 나를 위해 가까이 있어 주었습니다. 내가 지난 20여 년 동안 감사의 뜻을 전한 적이 있는지 모르겠지만, 지금 이 순간 당신에게 말하고 싶습니다. 그리고 사람들이 인생의 후반기에 진실을 발견할 수 있도록 애쓰고 있다니 고마울 뿐입니다. 당신은 용감하고 놀라운 분이십니다. 정말로 그런 분입니다."

이와 같은 애정 어린 선물은 마음속에 아주 깊이 자리잡는다. 당신은 칭송하고 싶은 사람에게 자신의 감정을 어떤 식으로 표현하고 싶은가? 직접 쓴 편지로, 예상치 못한 순간에 전화로, 아니면 비디오테이프로?

충실하게 행동하려고 애쓰라

견고한 인간관계를 수립하기 위해 필요한 가장 본질적 요소는 신뢰일 것이다. 내가 연수를 주관하게 되거나 사람들 사이의 갈등을 중재해 달라는 요청을 받을 때마다 가장 먼저 평가하는 것이 신뢰의 정도이다.

사람들은 자신이 상처받지 않을 것이라고 믿고 있는가? 그들은 다른 사람들이 자신을 지원해 줄 것이라고 믿고 있는가? 그들은 전해들은 말을 사실로 믿고 있는가? 그들은 모든 사람의 목표가 공평한 것이라고 믿고 있는가? 신뢰가 낮으면 거의 협조를 할 수 없을 것이다. 그리고 관계의 그물망이 약하고 단속적(斷續的)일 것이다. 그러나 우리는 시종일관 믿음을 심어줌으로써 관계를 긍정적으로 바꿀 수 있다.

인간관계에서 신뢰를 쌓는 한 가지 방법은 '의도가 긍정적이라고 가정하는 것'이다. 즉 긍정적인 행동 뒤에 이기적인 동기나 상대를 해칠 의도가 없다고 가정하는 것이다. 당신은 누군가가 "아, 맞아! 그가 그런 행동을 한 것은 단지 잘해 보려고……." 혹은 "그녀는 무엇인가를 원했거나 뒤탈을 막기 위해서 그랬던 것 아닐까?" 하고 말하는 것을 들은 적이 있을 것이다.

아마 당신은 칭찬하는 말이나 친절한 제스처에 자신이 이렇게 반응한다는 사실을 발견했을 수도 있다. "저 사람이 원하는 것이 뭘까?" 당신은 누군가에 의해 모욕감을 느끼고 크게 화를 냈지만, 알고 보니 상대방에게 그럴 의도가 없었던 것으로 밝혀진 경우가 없는가? 이런 상황은 잘못된 이해로 감정을 다쳐 관계의 다리가 무너지는 데 촉매 작용을 한다.

신뢰를 쌓는 두 번째 방법은 '감정적으로 정직해지는 것'이다. 친구나 가족, 사회운동의 동료와 문제가 생겼을 경우, 먼저 상대방―다른 사람이 아닌―과 그것을 해결하라. 뭔가 확실하지 않다거나 좀더 생각할 시간이 필요할 경우에도 상대방에게 의사를 알려라. 인간관계상의 문제를 해결한 후에는 그냥 잊어버리고 나중에라도 그에 대해 언급하지 말라. 용서하고 잊어버려라. 중요한 것은 관계를 유지하는 것이다.

신뢰를 쌓는 세 번째 방법은 '마음을 털어놓는 것'이다. 가까운 사람들에게 자신의 약점과 약한 면을 솔직히 드러내라. 그것이 두렵거나 걱정스러우면 믿고 따를 수 있는 사람에게 털어놓으라. 그렇게 해야 상대가 당신이 어려움에 빠졌을 때 당신을 지원할 수 있다. 혼란스럽다면 솔직하게 말하라. 실수를 저질렀다면 책임을 지라. 다른 사람들을 당신의 불완전한―그리고 지극히 인간적인―세계로 초대하라.

마지막으로 신뢰를 쌓기 위해 당신은 '약속을 지켜야 한다'. 우리는 자신이 한 말에 대해 책임을 지는 사람들, 의지할 수 있는 사람들을 신뢰한다. 8시에 만나기로 했으면 시간에 맞추어 그 장소로 가라. 자신이 계산하겠다고 말했으면 그렇게 하라. 춤추러 가기로 약속했으면 함께 가서 춤을 추라.

행동 하나하나로 인해 인간관계가 깊어지거나 반대로 약해진다. 당신에게는 매일 선택권이 주어진다. 당신은 인간관계를 강화시킬지, 약화시킬지 결정할 수 있다.

좀더 밀접한 인간관계가 만족스런 삶을 가져다줄 것이라고 믿는다면 어떤 관계가 노력을 필요로 하는지, 관계를 좀더 밀접하게 만들어주는 행동에는 어떤 것들이 있는지 생각해 보라. 관계를 향상시키는 방법을 잘 모르겠으면, 먼저 자신이 상대방들을 얼마나 잘 알고 있는지 테스트하라.

당신은 그들이 가장 가치 있게 여기는 것이 무엇인지 알고 있는가? 당신은 그들이 어떤 행동을 미덥지 않게 생각하는지 토론해 본 적이 있는가? 당신은 그들을 기쁘게 하는 선물은 무엇인지, 그들은 언제 대화하기를 가장 좋아하는지, 그들이 관계에서 거리감을 느끼는 순간은 언제인지 등과 같은 개인적인 기호에 대해 알고 있는가? 당신이 그들을 위해 무엇을 해주었으면 하는지 물을 수도 있다.

낯익은 곳 저 너머에서, 두려움을 넘어선
저편에서, 바로 그곳에서 인생이 확장된다.

PART 6
안락한 요람에서 탈출하라

― 잠재력을 실현시키기 위한 준비사항

실패가 죄악이 아니라, 목표를 낮게 정하는 것이 죄악이다. ─ 로웰 James Russell Loewell

스와힐리어(동부 아프리카 콩고의 공용어)로 '우토토'는 에너지와 젊음, 새로움을 의미한다. 우리는 중년에 우토토를 추구하는 경우가 많다. 직관적으로 삶을 확장하고 퇴보에 저항하고 싶어한다.

웹스터 사전에는 엔트로피의 법칙이 "우주의 모든 물질과 에너지가 결국 불활성 상태로 전락하는 것"이라고 정의되어 있다. 바꾸어 말해 모든 사물―인간을 포함해―은 변화가 없으면 결국 소멸할 것이다. 그렇지만 생명 없는 물체와 달리 인간은 자신의 쇠퇴를 촉진하거나 저지하면서 순환적 방식으로 환경과 서로 영향을 주고받을 수 있다.

우리는 행동하고 배움으로써 새로운 단계로 성장하고, 또다시 행동하고 배워 또 다른 단계로 전진할 수 있다. 배우고 성장하면서 우리는 진보한다. 그렇지 않으면 오히려 쇠퇴한다. 편안한 게 최고라 믿고 살아가거나 현상을 유지하기도 힘들다고 믿지만 실제로 현상 유지란 없다. 아무것도 하지 않으면 우리의 시스템은 답보 상태에 빠지고 만다. 퇴화하는 것이다. 우리가 에너지를 이용할 수 있는 방식은 두 가지, 즉 확장과 축소밖에 없다.

다행스럽게도 변화로 인해 얻는 것-젊음과 생동감을 느끼는 것-은 잃어버리는 것보다 많다. 그래서 우리는 자존심을 걸고 지속적인 성장과 크고 작은 모험을 추구하는 것이다. 그렇게 할 경우 우리는 보다 완전한 삶을 추구함으로써 새로워진 에너지를 얻게 된다.

나이보다 젊어 보이는 사람들은 배움을 필생의 모험으로 삼는 경우가 많다. 그들은 책을 읽고 강의를 들으며 사람들과 다양한 주제로 대화를 나눈다. 그들은 에어로빅이나 웨이트 트레이닝, 혹은 탭댄스와 같은 새로운 신체적 도전을 시도한다. 또한 스릴을 추구하면서 스카이 다이빙이나 산악 등반, 스쿠버 다이빙에 관심을 기울이기도 한다. 일상에 도움이 되는 새로운 길을 찾는 사람이 있는가 하면 정신적인 문제에 보다 깊이 파고드는 사람도 있다.

우리는 마음과 몸, 정신을 지속적으로 개선해 나갈 결심을 하기도 하지만, 쇠퇴의 길을 선택하는 사람도 있다. 우리는 우주와 에너지를 교환하며 서로 영향을 주고받을 수도 있고, 오히려 우리 시스템의 재생을 가로막고 그냥 배터리가 닳게 방치할 수도 있다.

한 세대 전에 우리의 부모들은 약 65세에 은퇴하고 인생이 조금은 더 남아 있기를 기대했다. 하지만 오늘날 대부분의 중년의 사람들에게는 새로운 모험이나 육체적 극기를 시도하거나 인식의 영성(靈性)을 심화시킬 수 있는 기회가 있다.

문제는 이런 것이다. 기회를 잘 포착하여 자신을 확장시킬 것인가, 아니면 기회를 외면하고 자신을 축소시킬 것인가? 선택권은 우리에게 있다. 필라델피아의 한 주식회사 중역인 루는 글자 그대로 새로운 시도를 하고자 노력한 사람이었다.

루는 호감이 가고 재주가 많으며 매우 정력적인 주식회사의 중역이다. 몇 년 전 그는 몸이 자신의 분주한 생활양식에 경고의 메시지를 보내고 있다고 느꼈다. 모든 사람들이 그에게 휴식을 취하고 좀더 느긋하게 행동해 스트레스를 줄이라고 말했다.

하지만 그는 문제가 있다는 사실을 부인했다. "이는 내 개성일 뿐이야. 나는 매우 정력적인 사람이거든" 하고 그는 대꾸하곤 했다. '나는 이런 페이스를 사랑한다'는 루와는 토론이 불가능했다. 그는 설득력 강한 사람이었다. 그런데 불시에 여러 증상―불규칙한 심장박동, 만성적인 위장장애―이 나타났다. 그는 이것을 느끼고 있었지만 인정하기까지는 시간이 걸렸다.

루는 우는 모습을 남에게 보이는 걸 끔찍하게 생각하는 사람이었기 때문에, 병원에서 진찰을 받고도 여전히 매일 12~16시간씩 일하면서 하루도 쉬지 않았다. 그는 '바쁜 것이 더 낫다'는 것이 평소의 지론이라 다람쥐 쳇바퀴 돌듯 일만 했다.

사십대 중반에 이미 직업적으로 크게 성공한 그는 많은 것에 흥미를 느끼고 있었다. 그는 여행을 자주 했고 미식가를 위해 요리하는 걸 좋아했으며 작은 기계 조립광이기도 했다. 늘 주어진 일에 최선을 다하기 때문에 그는 거의 에너지 그 자체로 보였다.

대부분의 지인들이 그에게 휴식을 권했지만 그는 귀담아듣지 않았다. 이는 우리에 갇힌 사자를 걷지 못하게 하는 것이나 마찬가지였다. 그러다 이제는 주위를 둘러보며 살아야겠다는 감정적 상태가 고조되었지만, 고개를 들었을 때 그는 낯선 영역에 놓여 있음을 감지할 수 있었다. 그는 직업과 관련된 분야에서는 항상 유능했지만, 이외의 것에는 무지했다.

퇴물로 물러서기에는 자신이 너무 젊다는 것을 깨달은 그는 트레이닝을 시작했고 좀더 신경 써서 식사를 했으며 자신의 스케줄을 줄여나갔다. 하지만 그런 일이 쉽지는 않았다.

루는 예민한 미식가였고 자신의 일에 열정적인 사람이었다. 그는 특히 운동이나 판에 박힌 일을 좋아하지 않았다. 늘 새로움을 추구하는 그는 양생법(養生法)을 시작했다가 중단했다. 그리고 그는 회사 체육관의 트레이너에게 피트니스 코치가 되어달라고 부탁했다. 루는 그로 인해 완전히 달라졌다. 일과 관련된 모든 면에서 지휘자 역할을 했던 그는 이제는 지휘자 노릇을 그만두었다.

몸무게를 30킬로그램이나 줄인 그는 '지난 20년 동안 경험해 보지 못했던 최상의 기분'을 느끼고 있다. 그와 함께 일하던 사람들은 그가 많이 달라졌다고 말한다. 그는 많은 업무 권한을 다른 이에게 위임하고 개인적으로나 직업적으로 좀더 균형을 유지하고 있다. 그는 자가용 비행기를 구입해 정기적으로 비행을 함으로써 옛 열정에 불을 당기기까지 했다.

자기 운명의 주인이 된다는 것은 모든 일을 혼자 처리하는 것을 의미하지 않는다. 그것은 당신이 직업적, 개인적 복지를 달성하는 데 필요한 지원을 확보하는 것을 의미한다.

중년에 더 관심을 가지게 되는 것은 마음과 몸, 정신이라는 세 주요 영역 중 하나인 경우가 많다. 세 방면 모두에 동시에 집중하는 사람이 있는가 하면 보다 연속적인 접근방식을 취하는 사람도 있다.

기민한 두뇌

아마 당신은 이런 격언을 들어본 적이 있을 것이다. "사용하라. 그렇지 않으면 잃어버릴 것이다." 이 격언은 우리가 사십대 후반에 도달했을 때 잃게 되는 능력에 대해 시사하는 바가 있다. "큰일 났어. 며칠 전에 친한 친구에게 여자친구를 소개해 주려 했는데 그녀의 성이 생각나지 않는 거야." 이런 말을 들으면 우리는 깔깔대며 웃는다. 그리고 나서 "난 때때로 내 이름도 잊어버려"라고 말한다.

사람들은 이때 이를 유머화시키지만 대단히 서글픈 유머이다. 사실 연령과 관련된 정신 기능에 대한 연구 결과는 무척 고무적이다. 단기적인 기억력이 약해지는 것은 사실일지 모르지만 실제 우리가 생각하는 것처럼 많은 숫자의 뇌세포를 잃지는 않는다. 오히려 뇌세포가 자극을 받지 못해 동면하는 것이다. 그러므로 다시 한 번 말한다. "사용하라. 그렇지 않으면 잃어버릴 것이다."

우리가 실제로 새로운 수지상 돌기, 즉 뇌의 네트워크를 가로지르며 메시지를 전달하는 연결체를 성장시킬 수 있다는 것은 좋은 소식이다.

당신이 시도하는 새로운 행동, 당신이 맞추는 새로운 크로스워드 퍼즐, 당신이 배우고 얻는 새로운 정보는 당신이 지력을 유지하는 데 도움이 될 것이다. 많이 읽고 문제를 풀고 어휘를 늘릴수록, 당신의 두뇌는 기민함을 유지하게 될 것이다.

머리가 좋은 사람들과 이야기를 나누고, 의욕을 북돋우는 강좌에 등록하고, 당신의 지평을 넓혀줄 논제들에 관한 글을 읽으라. 새롭게 운동을 시작하고 평소에 듣지 않았던 음악에 귀를 기울이라. 여행을 하고 외국어를 배우고 다른 문화들에 몰두해 보라. 두뇌의 기능이 확장되느냐 축소되느냐는 두 번째 성인기를 준비하고 있는 당신의 책임이다. 당신은 위험을 무릅쓰고 새로운 도전을 할 수도 있고, 이미 거둔 작은 성공에 만족하며 안락하게 지낼 수도 있다.

강건한 몸

당신은 건강의 중요성에 대해 많은 말을 들었을 것이다. 우리가 마음대로 행동하고, 운동을 하지 않으며, 스트레스에 시달리는 것은 정보가 부족해서가 아니다. 그것은 타성(惰性)과 관련이 있다.

행운이 이어지고, 버리기 힘든 습관이 몸에 밸 수 있도록 노력하면, 심장 발작이 일어나거나, 동료를 잃거나, 기운이 떨어지거나, 심지어 청바지가 꼭 끼는 일이 발생하지 않는 한, 우리는 계속 나아갈 뿐이다.

우리는 어떤 일이 발생하기 전에 행동할 수 있다. 우리는 자동차 엔진이 멈출 때까지 기다렸다가 기름을 넣지 않는다. 우리는 충치가 몇 개 생길 때까지 기다렸다가 이를 닦지 않는다. 우리는 화분의 꽃이 시들 때까지 기다렸다가 물을 주지 않는다. 우리는 좋은 컨디션을 지켜주는 습관에 대해 알고 있다. 우리는 단지 그

여행을 하고, 외국어를 배우고,
다른 문화들에 몰두해 보십시오.
두뇌의 기능이 확장되느냐, 축소되느냐는
두 번째 성인기를 준비하고 있는
당신의 책임입니다.

것을 몸에 적용하지 않을 뿐이다. 습관을 바꿀 의사를 가지고 있다면 싸움에서 이미 반은 이긴 것이다. 나머지는 끈기에 달려 있다.

흔히 주의를 기울이는 대상은 무엇이든 더 커지고, 무시하는 것은 무엇이든 작아진다고 한다. 만일 어떤 일에 에너지를 쏟는다면 그것은 성장할 것이다. 어떤 일에서 에너지를 거두면 그것은 시들 것이다. 당신은 이것을 직관적으로 알고 있다.

아이가 다쳤을 때 우리는 아이의 주의를 딴 곳으로 돌리려 애쓴다. 좀더 큰 아이일 때는 "다른 것에 주의를 집중해라"라고 말한다. 어떤 친구가 다가오는 프리젠테이션을 망칠까 두려워하면, 우리는 "그런 일이 일어날 거라고 생각하지 마"라고 말하거나 "그런 말을 꺼내지도 마"라고 말한다.

성공은 두려움이나 부정적 생각이 아닌 강한 의지에서 태어난다. 우리는 원하는 것을 상상하고 원하는 이유를 앎으로써 원하는 것을 받게 된다. 스포츠 코치에게 원하지 않는 것(실책)을 마음속에 그리는 것과 원하는 것(잘 풀리는 플레이)을 상상하는 것 중 어떤 생각이 그들의 팀에 더욱더 힘을 주는지 물어보라. 승리의 여신은 자신이 꼭 원하는 것에 주의를 집중하는 자에게 미소를 보낸다.

47세의 교사 제인은 한동안 계속해서 몸무게가 늘어났다. 그래서 그녀는 34킬로그램의 몸무게를 뺐다. 그녀는 남편과 함께 방학중에 살을 뺄 결심을 했다고 한다. 그녀는 살을 빼려는 의지가 강했고, 그 의지가 아주 또렷해 보였다. 그녀는 입고 싶은 작은 사이즈의 옷을 고른 뒤 그것을 입었을 때 자신이 어떻게 보일지 머릿속에 그려보았다. 그녀의 목표는 명확했다. 몸무게를 빼면 몸이 날씬해지고 에너지가 증가하며 보람찬 방학이 되리라고 생각했던 것이다.

몸무게를 관리하고 싶으면 자신의 신체에 주의를 기울인다. 다음과 같이 매일 긍정적인 확언을 되풀이한다. "내 몸무게는 적당하다." "나는 몸이 필요로 하는 만큼 먹는다." "나는 무척 날씬하다." 자신이 원하지 않는 생각(나는 너무 뚱뚱해, 나는 게을러, 나는 너무 몸이 약해 등)이 불쑥 떠오르면 즉시 그런 생각을 없앤다. 탁 터놓고 큰소리로 말하라. "이제 나는 날씬해." "나는 멋져." "나는 몸매 관리를 잘하고 있어."

냉장고나 거울, 달력을 바라보면서 날씬한 자신(혹은 운동을 하거나, 채식을 하거나, 명상하는 자신)의 그림을 상상하라. 잘 되지 않으면 운동선수나 멋진 몸매의 모델 사진 위에 당신의 얼굴 사진을 붙여라. 밤중에 잠자리에 들어 눈을 감고 자신이 되고 싶은 사람을 상상하라.

다음과 같이 긍정적인 목표를 써붙임으로써 자신의 다짐을 더 굳건히 해보는 것도 좋다. "나는 크리스마스까지 정상적인 몸무게에 도달해 있다." "나는 6월에 1킬로미터를 5분에 달릴 것이다." "다음달에 검사할 콜레스테롤 수치는 정상일 것이다." 이때 자신의 의도가 담긴 진술을 긍정적으로 표현하라. 그리고 이런 목표를 달성하려면 철저한 자기 통제가 필요하다.

다음과 같이 목표를 부정형으로 표현하면 자신이 하고 싶지 않은 것에 관심이 갈 수밖에 없다. "나는 지나치게 뚱뚱해지지 않을 것이다." "나는 앉아 있는 걸 좋아하지 않을 것이다." 그러므로 자신의 목표를 표현할 때에는 "나는 에너지로 가득 차 있을 것이다." 대신 "나는 에너지로 가득 차 있다."는 식으로 표현한다.

당신의 몸을 단련하기 위해서는 끈질긴 근성이 필요하다. 목표가 무엇이든 달라지고 싶으면 다르게 행동해야 한다. 자신을 변화시키려면 끈기가 있어야 한다. 하지만 오래된 습관은 좀처럼 떨어지지 않고, 우리는 대부분 변화를 위해 몇 번의 시도를 하다 그만두기 일쑤다.

우리는 자신의 심적 경향, 이미지에 대해 숙고한 다음 하루에 한 가지씩 행동을 바꾸어야 성공 가능성이 높아진다. 우리는 단기간의 성공과 좌절을 경험하고 원상태로 돌아갈지도 모른다. 그러므로 몸을 단련하려는 목표를 세울 때에는 달성까지의 시한을 짧게 잡고, 소목표들을 만든다. 소목표에 도달하게 되면 다른 소목표를 위해 열중한다. 그렇게 하면 중간에 한두 번 실패했더라도 이전의 작은 성공으로 후퇴한 뒤 그곳을 거점으로 다시 시작할 수 있을 것이다.

자신이 어떤 실수를 저질렀든 간에 자책하지 말고 용서하라. 실패를 인정하고 계속 전진하라. 소목표 하나(이번 주에는 역기를 세 번 든다)를 달성하지 못했다고 전체적인 목표(1월까지 약 20킬로그램 감량)를 포기할 필요는 없다. 당신은 여행중에 한두 번 자동차를 구덩이에 빠뜨린 적이 있을 것이다. 그로 인해 차가 덜커덕 흔들릴 수는 있어도 탈선하는 일은 거의 없다.

행복한 사람들은 자신에게 필요한 것은 무엇이든지 다 하겠다고 결심하고 이를 증명해 보인다. 그들은 행복을 시도하거나 해보이는 게 아니다. 그들은 결심한다. 욕구가 크고 의도가 명확하면 중단할 수가 없다.

내 여자친구 하나는 47세 때 골프를 시작했다. 그녀는 6개월 동안 열심히 플레이한 끝에 남편보다 더 잘 치게 되었다. 남편은 오랫동안 골프를 쳐온 사람이었다. 그녀는 기꺼이 하고 싶은 일을 하는 거라면, 배움에는 나이가 없다고 생각했고-또 훈련을 받고-그것을 증명해 보였다.

그녀는 남편이 너무 많이 앞서 있어 도저히 따라갈 수 없을 거라고 생각할 수도 있었다. 혹은 남편의 수준에 도달하고 나서 더 이상의 노력을 하지 않을 수도 있었다. 하지만 그녀는 그러지 않았다.

중년의 나이에 새로운 모험에 나섰지만 그녀는 곧 정상에 올랐다. 그녀는 2년 동안 많은 토너먼트 대회에서 우승을 했고 여러 리그전을 석권하는 한편, 다달이 핸디캡을 줄여가고 있다. 그녀는 행복하고 실제 나이보다 아주 젊어 보인다. 새로운 시도는 언제나 우리에게 유익하다. 열정을 지니는 것 또한 마찬가지이다.

지혜로운 정신

중년에는 자연스럽게 깨닫게 되는 것이 많다. 우리는 누구나 언젠가는 죽을 운명에 직면해 있기 때문에 중년에는 인생의 전반기를 떠올려 보면서 많은 질문을 던진다. "과연 나는 보람 있게 살아왔는가?" "나는 무엇을 배웠는가?" "중요한 일에 나는 주의를 집중했는가?" "나는 내가 원하던 존재가 되어 있는가?" "변화를 낳았는가?" "나는 무엇에 사랑을 주었는가?"

우리는 자신이 걸어온 인생의 길을 되돌아보는 데 그치지 않는다. 우리는 대부분 좀더 견고한 관계를 찾는다. 우리는 보다 깊은 우정과 사랑하는 사람들과의 좀더 친밀한 관계를 추구한다. 많은 사람이 자연이나 신, 보다 높은 자아와 관계를 수립하거나 강화시킨다. 우리는 평화나 질서, 우주에 대한 지식과 가치보다 본질적인 문제에 마음이 끌린다. 우리는 사적인 문제에서 벗어나 보다 큰 선(善) 쪽으로 관심을 기울이는 자신을 발견하게 된다.

전망과 목적, 단순한 즐거움은 우리가 앞으로 나아가는 데 새로운 리듬을 제공한다. 첫 번째와 두 번째 성인기의 십자로가 이제는 휴식을 취하며 숨을 고르는 게 보인다. 그곳은 많은 사람들이 새로운 모험을 추구하기 위해 낯익은 길에서 벗어날 때라고 결론 내리는 곳이다. 다른 삶, 영혼까지 만족스러운 삶을 창조할 때이다.

영혼까지 만족시키기 위해서는 영혼과 접촉하지 않으면 안 된다. 이런 내적인 숙고는 행동보다는 침묵을, 의향보다는 개방성을, 계획보다는 지각을 더 요구한다. 우리는 명상과 신령 감응의 습관을 발전시킴으로써 자기 인식을 높일 수 있다. 날마다 명상과 신령 감응의 습관을 지니기 위해 약간의 시간, 즉 아침에 일어났을 때 15~30분, 자기 전에 15~30분쯤을 따로 떼어둔다.

우선 혼자 있을 수 있는 고요한 곳을 찾으라. 약간 깊은 호흡과 함께 긴장을 풀고 나서 질문(어떻게 하면 다른 사람들에게 도움이 될 수 있을까?)을 하고, 인도를 요청(이 딜레마에서 빠져나갈 수 있는 길은 무엇인가?)하거나, 내적인 지혜에게 자신의 개방성에 대해 말하라(나는 배우고 있다).

묻거나 말하고 나서 잠시 기다리기만 하라. 당신의 깨달음의 경지는 높아질 것이다. 그리고 당장은 아니지만 조금 시간이 지나 기대를 접었을 때 어떤 개념이 떠오를 것이다. 아는 데 필요한 것을 모두 손에 넣을 수 있다. 정기적으로 침묵에 들어가라. 그러면 들을 수 있다.

침묵만이 정신을 강화할 수 있는 유일한 길은 아니다. 정신력을

낯익은 곳 저 너머에서, 두려움을 넘어선
바로 그곳에서 인생이 확장됩니다.

높이는 음악이나 상상력이 풍부한 생각, 감명적인 산문에서 영양을 공급받을 수 있다. 삶을 긍정하는 읽을거리를 훑어보라(혹은 테이프에 귀를 기울이라).

나는 개인적으로 다음의 책들을 좋아한다. 스코트 펙의 《끝나지 않은 길(The Road Less Traveled)》, 잭 캔필드와 빅터 한센의 《영혼을 위한 닭고기 수프(Chicken Soup for the Soul)》, 디팍 초프라의 《성공을 부르는 일곱 가지 마음의 법칙(The Seven Spiritual Laws of Success)》, 스티븐 코비의 《성공하는 사람들의 7가지 습관(The 7 Habits of Highly Effective People)》, 웨인 다이어의 《믿으면 보일 것이다(You'll See It When You Believe It)》와 《예로부터의 지혜(Wisdom of the Ages)》, 짐 도노반의 《이것은 당신의 인생이다, 무대 연습이 아니다(This is Your life, Not a Dress Rehearsal)》 등.

당신에게 영감을 주는 음악에 귀를 기울이라. 그리고 마음을 감동시키는 이야기를 읽으라. 목적의식이 있고 행복한 사람들, 관대하고 함께 나누기를 좋아하는 사람들과 서로 영향을 주고받으라. 종종 당신에게 영감을 주고 내면의 평화를 가져다주는 장소를 찾아가라. 당신이 좋아하는 장소는 숲이 우거진 지역이나 인적이 없는 해변, 자신의 작은 정원, 또는 예배당일지도 모른다.

정신적인 자아를 발달시키는 데 큰 노력이 요구되지는 않는다. 오히려 정반대이다. 이런 성장은 혼자 조용히 정신을 가라앉히고 마음을 열면 저절로 이루어진다. 외부의 모든 소음으로부터 완전히 자유로워지면 내면의 목소리가 들릴 것이다.

치유와 사랑, 목적의 말이 당신의 바람을 이루어줄 것이다. 어느 쪽이 옳은 길인지 직관적으로 알게 될 것이기 때문에, 당신은 자신의 인생을 개혁하기 위해 용기를 내지 않아도 될 것이다.

진보냐 붕괴냐

쇠퇴하기보다 성장하고픈 욕구에는 축소하기보다 확장시키려는 수많은 의식적인 결정이 포함되어 있다. 우리는 분노를 터뜨리거나 억제한다. 우리는 주거나 보류한다. 우리는 피하거나 참여한다. 우리는 확장할 때에는 생동감을 느끼고, 축소시킬 때에는 자신의 일부가 죽어가는 걸 느낀다.

50회 생일날, 나는 오랫동안 하고 싶었던 것을 했다. 나는 열기구를 타러 갔다. 남편과 남동생이 동행했다. 우리는 파일럿이 화려한 물결 모양의 천을 펼치고 기구에 공기를 넣는 일을 도왔다. 누비이불 같은 기구가 날아올라 미끄러지듯 나아가자 흥분이 고조되었다. 낯익은 곳 저 너머에서, 두려움을 넘어선 바로 그곳에서 인생이 확장된다.

한 은행의 전무 이사인 마이크는 언젠가 광고 대행사나 디자인 스튜디오를 세우겠다는 포부를 가지고 있었다. 그는 취미로 그림을 배우면서 새로운 길을 가려는 열망을 포기하지 않았다. 그러나 성공과 전망, 안정감은 포기할 수 없을 정도로 너무나 안락하고 익숙했다.

그때 운명적으로 기회가 찾아왔다. 금융 서비스 산업에 합병열풍이 불면서 은행을 떠날 수 있는 기회가 주어졌던 것이다.

그는 은행을 떠나 광고 대행사를 차렸다. 두 달 정도 업무에 집중했던 그는 10년 전에 이 일을 시작했으면 좋았을 거라는 생각이 들었다. 그로부터 12년이 지난 지금, 그는 직원 6명을 거느리고 연 1백만 달러에 가까운 매상을 올리고 있다.

자신의 고객들과 마찬가지로 기업가 정신이 투철했던

마이크는 아직 발달하지는 않았지만 대단히 흥미로운 분야, 즉 조상 전래의 고급 가구, 수제(手製) 예수 강탄 조각 분야를 자세히 조사했다. 위험을 무릅쓴 모험은 또다시 큰 성과를 올렸다.

현재 그는 광고 대행사를 경영하고 있으며, 맞춤 예수 강탄 마구간을 완성시켰는데, 세계에서 가장 큰 예수 강탄 조각 제조회사가 그가 독창적으로 디자인한 것들을 고급 수지로 복제한 뒤, 5천 개의 소매 체인점을 통해 팔고 있다. 비즈니스 경험과 예술에 대한 열정, 아이디어를 개념화하려는 정신적 열의를 하나로 결합한 그는 자신의 상상력과 신념으로 이런 일을 가능케 했다.

기분이 들뜨고 살아 있다는 느낌이 생생할 때, 대담하게 무슨 일인가를 시도해 당신의 세계가 좀더 커졌다고 상상해 보라. 아마 당신은 등산이나 스카이 다이빙 도전에 나섰을 수도 있다. 혹은 만나보고 싶었던 누군가를 만나거나 낯선 지역으로 여행을 떠났을지도 모른다. 당신은 아마 비상한 통찰력을 갖게 되거나, 멋진 광경을 보고 즐기거나, 강렬한 인상을 주는 누군가와 접촉했을 수도 있다. 그런 것들을 글로 적은 뒤 어떻게 느껴지는지 음미해 본다.

수잔 제퍼스의 《진짜 두려운 것은 아무것도 없다(Feel the Fear and Do it Anyway)》에서는 우리의 두려움은 세 단계로 분류할 수 있다고 말하고 있다.

그녀에 따르면 제1단계는 '표면적인 두려움' 이다. 여기에는 사고나 손실의 발생, 관계 청산을 요구받는 것이 포함되어 있다. 제2단계의 두려움은 '마음의 내적 상태' 를 수반한다. 여기에는 사기를 당하거나 거부당할까봐 두려워하는 마음이 포함된다. 제퍼스가 말한, 내면 가장 깊은 곳에 자리잡고 있는 제3단계의 두려움은 "나는 그것을 처리할 수 없어!" 라고 말하는 것이다.

하지만 자신의 앞을 가로막고 있는 어떤 난관이든 헤쳐나갈 수 있다는 것을 알게 되면 두려워할 필요가 없다. 제퍼스의 책은 두려움을 극복하는 데 필요한 통찰력과 팁, 다양한 테크닉으로 가득 차 있다.

위험을 무릅쓰거나, 새로운 것을 배우거나, 전에 몰랐던 곳으로 들어갈 때 당신의 인생은 달라진다. 두려움을 극복하면 자신감이 생기고, 기쁨을 경험하면 희망이 주어진다. 당신은 자신이 할 수 있다는 것과 그럴 만한 가치가 있다는 것을 알고 있다.

당신이 선물을 나누어주면서 소비하는 에너지는
여러 번에 걸쳐 당신에게 되돌아온다.
왜냐하면 영혼의 일을 하고 있기 때문이다.

PART **7**

행동 하나하나를 변화시켜라

— 당신의 재능을 활용하는 방법

> 일이 없는 인생은 부패한다. 그러나 하는 일에 영혼이 없다면 인생은 질식해 죽고 만다.
> — 카뮈 Albert Camus

우리는 대부분 자신의 삶이 가치를 지니고 있기를 바란다. 우리는 이 세상에서 삶을 마칠 때, 자신이 인생의 변화를 낳았다, 유산을 남겼다고 말할 수 있게 되기 원한다. 영원한 삶은 없다는 걸 뼈저리게 느끼는 중년에는, 우리는 페기 리(1950년대를 대표하는 미국의 여성 팝 가수)의 노래 〈그것이 다인가요?(Is That All There Is)〉를 휘파람으로 불기 시작하게 된다. 우리는 삶의 의미를 이해하고, 어떤 식으로든 자신이 '보다 큰 계획'의 일원인지 알고 싶어한다.

게일 쉬히는 《새로운 이행(New Passages)》에서, 중년의 베이비붐 세대는 진보나 성장, 변화에 대해 낙관적인 태도를 가지고 큰 행복감을 드러내는 50대 초반의 사람들이라고 쓰고 있다. 강렬한 삶의 에너지를 끌어내는 기폭제(자녀 양육, 숙달된 일, 운동 기술의 연마)가 사라졌을 때, 우리는 불가피한 쇠퇴를 감수하게 된다. 하지만 대신 활기차게 움직일 수 있는 새로운 길을 찾는다. 우리는 세상에 변화를 낳음으로써 자신의 삶에 새로운 의미를 부여하려 애쓴다.

우리는 의미 추구를 중요시 여기게 되며, 좋아하는 일을 시작하고, 자신의 독특한 재능으로 공헌할 수 있는 길을 찾는다. 여기서 공헌이란 여러 가지 형태를 취할 수 있다. 아이를 입양하는 일일 수도 있고, 성인들을 대상으로 무언가를 가르치는 일일 수도 있고, 자선을 베푸는 일일 수도 있고, 사람들의 믿음을 회복시키는 일일 수도 있다. 그것은 일자리를 제공하는 일일 수도 있고, 역사를 보존하는 일일 수도 있고, 다른 사람들의 짐을 덜어주는 일일 수도 있다. 그것은 노인들을 돌보는 일일 수도 있고, 다음 세대를 가르치는 일일 수도 있다. 그것은 예술 작품을 창조하는 일일 수도 있고, 건강을 도모하는 일일 수도 있고, 삶의 질을 개선하는 일일 수도 있다. 그것은 사소하지만 친절한 행위일 수도 있고, 교훈을 공유하는 일일 수도 있다.

의미를 추구하는 것이 더욱더 중요해진 이유 중 하나는, 수명이 점점 늘어나고 퇴직은 점점 빨라지는데다가, 은퇴 후 20~30년 동안 줄곧 빈둥거리는 것은 상상도 할 수 없는 일이기 때문이다. 현재 50세 전후에 있는—그리고 암이나 심장질환에 걸리지 않은—

여성은 92회의 생일을 맞이할 수 있을 것이라고 쉬히는 말하고 있다. 현재 65세의 건강한 남성은 81세까지 살 것으로 예상된다. 그래서 우리는 대부분 인생의 후반부를 즐겁게 살고 싶어하고, 유용하게 시간을 쓰고 싶어한다. 그러므로 당신이 좋아하고 날마다 변화를 낳는 일을 찾으라고 여러분에게 말하고 싶다.

재능 있는 여배우이자 두 아이의 엄마인 앤은 자신이 의미 있는 여성의 역할을 제대로 하지 못하고 있다는 느낌이 들었다. 그럴 기회가 적었고, 당연히 그녀는 그것을 열망했다. 그녀는 자신이 불운하고 의미 있는 여성의 삶을 살지 못한다는 사실에 조바심 내지 않고, 자신의 특수한 재능을 이용하는 과정에서 평생의 꿈을 이루었다.

정식 교사 훈련을 전혀 받지 않은 채, 그녀는 인종과 경제적 여건이 다양한 청소년들을 위해 세워진 중학교인 맨해턴 동부의 드라마 컨설턴트 자리에 지원을 했다. 이 혁신적인 학교는 특별 과목 컨설턴트들에게 증명서를 요구하지 않았다. 단지 뛰어난 재능만 요구했다. 앤은 청소년들과 곧 의기 투합했고, 그들을 능숙하게 다루는 대단히 유능한 교사가 되었다. 그녀는 학생들의 마음을 감동시키고, 잠재력을 이끌어냈으며, 내면으로부터 자부심을 길러주었다. 그녀를 구별짓는 것은 바로 그녀의 재능—증명서가 아니라—이었다.

곧 그녀는 파트타임으로 드라마 컨설팅 개인 교습을 했고, 이를 발전시켜 개인 연기 교실을 열었다. 그녀는 이제 일 년 내내 일주일에 6일을 일로 보낼 정도로 스케줄이 꽉 차 있다. 게다가 소문 역시 자자했다. 그녀는 성장 배경이 아주 다양한 청소년들에게서 노력을 이끌어내는 독특한 재능을 인정받았다. 그러나 여기까지가 최고 한계였다.

앤은 청소년 시절, 제대로 혜택을 받지 못하는 아이들을 위해 동물 농장을 운영하는 것이 꿈이었다. 최근 어려운 시절을 경험한 몇 명의 장학생을 개인 교습한 뒤, 그녀는 내게 물었다. "농장을 손에 넣진 못했지만 내 활동 무대를 찾은 것이 틀림없지요?" 그녀는 자신의 경력을 관리하면서 엔터테이너에서 교사로 변신했고, 그 과정에서 평생의 꿈을 실현했다. 그녀는 자신이 하는 일을 사랑하고, 또 날마다 변화를 낳고 있다.

1단계에서 당신은 어떻게 하면 자신의 독특한 재능을 다른 사람들의 이익을 위해 사용할 수 있을지를 명시하라는 요청을 받았다. 당신은 자신의 긍정적인 개인적 특성이 무엇이고, 그것들을 어떻게 표현하기를 좋아하는지 숙고해 보라는 요청도 받았다. 바로 이런 요소들의 융합이 당신이 좋아하는 일을 할 수 있도록 인도해 준다.

그렇지만 당신이 자신의 목적과 독특한 재능이 무엇인지 안다 해도 그것을 활용할 특정한 일이나 부업이 쉽게 보이지는 않을 것이다. 대신 당신은 다른 사람들을 위해 자신의 재능을 사용할 수 있는 다양한 방법을 알게 된다. 예를 들어 나는 강사나 세미나 주도자, 컨설턴트, 개인 코치, 지역사회 봉사자로서 타인의 성장을 도와줄 수 있다. 사실 나는 이런 모든 역할을 맡아 일하면서 성장을 도왔다.

일단 목적이 명확하면 여러 가지 길을 발견할 수 있다. 하지만 수많은 선택 때문에 방향이 약간 불분명해질 수도 있다. 자신의 독특한 재능을 어떻게 활용하는 게 좋은지 알기 위해 다음과 같은 두세 가지 질문을 숙고해 보라.

1 어떤 일이 충만한 느낌을 가지게 하거나 영혼을 평온하게 만드는가?

2 특히 자신이 잘하는 것이 무엇인가? 믿을 수 없을 만큼 수월하게 잘할 수 있는 일 말이다.

3 좀더 흥미를 가지고 배우고 싶은 것은 무엇인가?

당신이 다른 사람들의 이익을 위해 자신만의 특별한 재능을 사용하지 않는다면 당신은 고갈된 느낌을 가질 것이다. 진실을 부정하고 좋아하지 않는 일을 하려 한다든가 자신의 꿈을 버릴려면 큰 노력이 요구된다. 현상유지가 좀더 쉬운 길 같아 보일지 모르지만, 그것은 심신을 지치게 만드는 동시에 무익하다.

자신이 좋아하는 일을 하고 있지 않으면 생산적이라는 느낌이 거의 들지 않을 것이다. 제자리만 맴돌 뿐 아무런 결과도 얻지 못하고 있는 듯한 느낌이 들 것이다. 또한 흉내만 내고 있을 뿐, 다른 누군가의 인생을 살고 있는 것처럼 단절된 느낌에 사로잡힐지도 모른다. 아마 당신은 압박을 받거나, 우울해지거나, 혼란스러운 느낌을 받고, 잘못된 길로 가고 있다는 생각에 괴로워할 것이다. 어쩌면 너무 오랫동안 귀중한 무엇인가를 무시했다는 것을 깨달을지도 모른다. 아마 꿈을 미루게 된 이유들(돈을 좀더 많이 벌기 위해, 가족을 기쁘게 해주기 위해, 위험을 피하기 위해, 실용적인 일을 하기 위해)이 이제는 더 이상 그리 견고해 보이지 않을 것이다.

당신이 자신의 잠재력과 열정을 제대로 활용하고 있다면, 당신 주변의 모든 사람들은 그것을 아주 명백히 느낄 것이다. 사람들은 이렇게 말할 것이다. "당신은 정말로 자신의 일을 사랑하고 있군요." 이런 당신은 시간이 유수처럼 흘러도 불안하거나 부담감이 느껴지지 않을 것이다. 당신이 다른 사람들을 위해 소비하는 에너지는 다시 당신에게로 되돌아온다. 영혼의 일을 하고 있기 때문이다.

YMCA에서 일하는 폴라는 자신이 하는 일이 세상에서 가장 훌륭하고, 경제적 규모에 있어 자신은 상위 10퍼센트에 속한다고 믿고 있다. 그녀는 미국 전신 전화 회사(AT&T)에서 훌륭한 경력을 쌓았다. 그곳에서 22년간 일하며 그녀는 최상의 비즈니스 기법을 익혔다. 뿐만 아니라 자신으로 인해 이익을 얻는 사람들에게 주의를 집중해야 한다는 것도 배웠다.

1990년에 뉴욕 YMCA의 회장이 된 그녀는 평생 동안 타인을 위해 봉사하겠다던 꿈도 실현했다. "YMCA의 사명은 지역사회를 발전시키는 한편, 사람들이 정신적으로나 육체적으로 성장할 수 있도록 돕는 것입니다." 폴라는 이렇게 말했다. "미국 전신 전화 회사에서 YMCA로 일자리를 옮김으로써 내가 터득한 비즈니스 기법을 비영리 단체에 적용할 수 있었죠. 뿐만 아니라 직업적 사명감과 함께 사람들이 좀더 나은 생활을 할 수 있도록 돕는다는 개인적 사명감을 조화시킬 수 있었어요."

그렇다고 목적 달성을 위해 반드시 직업을 바꿀 필요는 없다. 나는 출판사에서 편집일을 하는 것이 자신의 재능을 활용할 수 있는 훌륭한 길이라고 판단한 신사를 알고 있다. 그는 더욱 열심히 일을 해 사회에 되돌려주고 싶었다. 그래서 그는 한 문맹 퇴치 그룹을 찾아가 성인들에게 글을 가르치는 훈련을 받았다. 그는 한 달에 두 번씩 자원봉사를 했고, 일 년에 네 번 기관의 회보를 편집했으며, 일 년에 한 번 발행하는 자금 모집 팸플릿 원고의 초안을 작성했다. 그는 다른 사람들이 삶의 변화를 낳도록 도와줌으로써 인생의 의미를 찾았다.

누구나 살아가면서 의미를 추구하게 되는데―중년에는 더욱더 절박하게—사람들은 다양한 방식으로 그것을 찾아낸다. 확고한 목표의식을 가지고 목적을 추구하는 한, 모든 사람이 다 생계를 위한 노동에서 의미를 찾을 필요는 없다. 예술에 종사하는 사람이 택시 운전을 하거나, 식사를 시중 두는 일을 하거나, 개를 산책시키는 일을 하면서, 자신의 재능을 갈고 닦아 사람들의 영혼을 감동시킨다. 그들 대부분은 전업 예술가로서 작업하기를 바랄 것이다. 하지만 자신이 좋아하는 일을 하면서 꿈을 실현시키기 위해 돈을 버는 일도 의미가 있다.

자신에게 의미가 있는 단체를 도와라

최근 〈타임〉지의 한 기사는 유명 전문가들의 사회 공헌에 대해 자세히 설명하면서 중년의 사회 보답 현상에 초점을 맞추었다. 콜린 파월은 합참 의장으로 퇴역한 뒤, 청소년을 돕는 비영리 단체들의 연합체인 '청소년 연합'을 설립했다. 네브라스카 대학교의 전임 미식축구 코치인 톰 오스번은 일종의 2인 1조 방식으로 자신이 이끌었던 콘허스커즈(네브라스카 콘허스커즈 미식 축구팀. 옥수수 껍질을 벗기는 사람들이라는 뜻. 네브라스카 주는 옥수수로 유명하다) 선수들과 25명의 학생의 짝을 맺어주고, 중학교에서 고등학교를 마칠 때까지 그 학생들에게 관심을 기울이는 청소년 지도 프로그램을 운영했다.

어떤 사람들은 자신이 하는 일을 사랑하며 일터에서 엄청난 변화를 낳는다. 수천 명의 일자리를 만들어내고, 사람들을 치유하고 가르치며, 사람들을 안전하게 지켜준다. 그럼에도 불구하고 그들은 사람들에게 일 이상의 것을 주고 싶어한다. 50세가 넘으면 사람들이 "내가 받은 혜택을 사회에 되돌려주고 싶다"고 말하는 것을 종종 듣게 된다. 많은 것을 배우고 목적을 추구해 온 중년의 사람들은 이제 자신이 가진 것을 공유하고 싶어한다.

우리는 때때로 사업적인, 또는 이기적인 이유로 자원봉사에 나서는 사람들을 보게 된다. 그러나 내가 언급하고 싶은 사람들은, 집이 모두 불타버려 실의에 빠진 사람의 헛간을 다시 짓도록 도와주기 위해 휴일을 반납한 사람, 한 번도 거르지 않고 비행 청소년들을 계도하는 남자 지도원, 혹은 불량소녀들을 선도하기 위해 언니 노릇을 해주는 사람 들이다. 이들은 개인적인 이득 때문이 아니라 순수하게 누군가를 돕기 위해 일함으로써 삶에 대한 열의를 유지하는 평범한 사람들이다. 자신의 작은 세계를 넘어서 보다 큰 세상으로 눈을 돌릴 때, 우리는 훨씬 큰 세계, 즉 인류와 연결된 의미를 발견하게 된다.

　남편과 나는 수많은 비영리 위원회에서 봉사하고, 많은 자금 모집 캠페인을 주도하고, 여러 해에 걸쳐 다양한 기관의 위원회에서 자원봉사를 했다. 우리는 광범위한 여러 운동에 금전적인 지원도 했다. 그럼으로써 우리 부부는 훨씬 더 많은 것을 받았다. 아무리 작은 노력이라 하더라도 그 행위로 인해 자신이 긍정적인 변화를 낳았다는 것을 알게 되면 무척 만족스럽다. 사명에 따라 움직이면서 자신의 개인적인 사명과 조화를 이루는 조직을 지원할 때 특히 보람이 크다.

　당신은 자신이 원하는 세상의 변화를 위해 주의(主義)나 운동을 받아들임으로써 삶에 대한 열정과 목적의식을 고양할 수 있다. 세상을 좀더 나은 곳으로 만들기 위해 여러 계층의 사람들과 함께 힘을 합치면 에너지와 열정이 솟구칠 것이다. 왜 기다리고만 있는가? 자신에게 의미 있는 방식으로 사회에 공헌하라. 그러면 당신의 삶의 의미는 수준이 높아질 것이다. 당신은 행동 방침을 세우고 아침에 일어나게 되고, 좀더 편안히 잠들게 될 것이다.

　자신에게 특별한 의미를 지니는 운동이 무엇인지 알아보기 위해 다음과 같은 몇 가지 질문에 답변을 해보라.

1 어떤 유형의 세상 이야기가 당신의 마음에 깊이 와닿는가?
2 당신이 비영리 단체에 나누어줄 수 있는 유산을 예기치 않게 상속받았을 경우, 어떤 기관에 기부를 할 것인가?
3 한 달에 한 번씩 토요일을 할애해 어떤 의미 있는 일에 종사할 수 있다면, 당신은 그 시간에 어떤 일을 할 것인가?
4 당신이 내일 세상을 바꿀 수 있다면, 어떻게 세상을 변화시킬 것인가? 보다 안전하고 친절한 곳으로? 모든 사람이 육체적으로나 정신적으로 성숙되도록? 보다 아름답고 즐거운 곳? 좀더 질서 있고 상호 의존하는 곳?

이런 질문들에 답하면서 당신은 우선적인 주제를 발견했을 것이다. 청소년이나 역사, 예술, 읽고 쓰는 능력, 건강 관리, 노인, 미화(美化), 환경, 피해자 구조 등이 당신의 에너지를 끌어당길지도 모른다. 다른 사람들을 위해 삶의 질에 있어 변화를 낳는 기관은 아주 많다. 보다 나은 세계를 꿈꾸는 당신의 비전과 조화를 이루는 기관을 쉽게 발견할 수 있을 것이다. 의료보험이 없는 사람들을 위한 무료 진료소, 몸져 누운 병자들에게 식사를 제공하는 기

자신의 잠재력과 열정을 제대로 활용하고 있다면,
당신 주변의 모든 사람들은 그것을 아주 명백히 느낄 것입니다.

관, 집을 필요로 하고 있는 사람들의 집을 짓는 데 일조하는 사랑의 집짓기 운동 연합 같은 단체들이 있다.

자신의 무엇을 제공하든, 즉 시간이든 재능이든 땀이든 돈이든 그것이 누군가를 위한 것이라면, 당신은 자신의 작은 행동이 세상을 좀더 나은 곳으로 만들고 있다는 것을 알고 크게 만족할 것이다.

날마다 무엇인가를 주라

중년에 의미를 추구하게 되면서 사람들은 자신의 영성(靈性)에 대해 깊은 관심을 갖는 것 같다. 언젠가는 죽을 운명이라는 사실을 실감하게 되면서, 우리는 자신이 이 세상에 존재하는 이유와 자신이 무엇을 배웠는지, 그리고 죽기 전까지 자신이 완수해야 할 일은 무엇인지 묻는다. 우리 중 대다수는 내면의 평화와 개인적인 반성, 명상이나 기도를 통한 치유를 추구한다. 우리는 앞으로 나아가기 위해 자신이 저질렀던 실수를 되돌아보고 화해한다.

우리가 성숙해지면 우리의 시각도 그렇게 변화한다. 늘 중요하게 여겼던 것들―직장이나 정치에 대한 관심, 이웃에게 잘 보이려는 노력, 사소한 논쟁에서 이기는 것—이 갑자기 시시해진다. 반면에 관심을 덜 기울여 왔던 것들—자기 인식이나 개인적인 성장, 인간관계, 영혼의 감동—이 이제는 주의를 기울일 만한 것으로 떠오른다. 우리는 자신의 가치를 재확인하고 자신의 원칙과 조화를 이루는 삶을 원한다.

엔터테인먼트 세계에서 강력한 영향력을 발휘하는 오프라 윈프리는 많은 이유로 큰 즐거움을 느끼는 여성이다. 그녀는 아름다운데다가 재예(才藝)를 갖추었고 다양한 종류의 사람을 많이 만난다. 그녀는 자신의 직업 세계에서 순조롭게 항해하고 있었지만 〈TV 당신의 삶을 바꾸라(Change-your-life TV)〉(1998년 이후의 오프라 윈프리쇼의 새로운 개념)를 제작하기로 결정했다.

그녀는 영감을 주는 게스트들과 인터뷰를 하고 삶을 긍정하는 책들을 소개하는 동시에 변화를 낳는 평범한 사람들을 크게 다루고 있다. 그리고 전세계적으로 기부의 위력을 확대하기 위해 '엔젤 네트워크'를 설립했다. '엔젤 네트워크'는 자선을 위해 엄청난 돈을 모금했고 수천 명의 자원 봉사자들을 동료로 맞이하였다.

다른 사람들에게 무언가 도움이 되는 일이 정말로 기분 좋은 일인지 의심스러우면 오프라 윈프리 쇼에 채널을 맞추라. 그녀의 엔젤 체인(사람들이 누군가에게 선물을 주거나 친절을 베풀고, 상대에게 그 행사를 이어나가 달라고 부탁하는 것)이 삽시간에 퍼져나갔다. 그들이 엔젤 체인의 한 장면을 행동으로 보여줄 때 나는 감동받지 않을 수 없다. 확언이 얼마나 많은 사람들을 친절하게 만들어주는지 놀랄 정도이다.

　인간의 삶 속에서 사랑과 풍요로움을 느낄 수 있는 최상의 길은 무언가를 주는 것이다. 어려운 사람들을 위해 집 짓는 일을 도와주었거나, 누군가에게 책을 읽어준 적이 있다면 당신은 받는 기쁨, 보다 높은 자아를 표현하는 기쁨을 알 것이다. 나이 든 이웃의 식사를 도와주는 일, 누군가의 베개에 뜻밖의 선물을 놓아두는 일, 병든 동물이 건강을 되찾을 수 있도록 돌보아주는 일, 혹은 인내심을 발휘하여 어린아이에게 책을 읽어주는 일, 이런 일들이 날마다 변화를 낳는 간단한 방법이다.

　　52세의 랠프는 펜실베니아에 있는 컴퓨터 소프트웨어 회사의 국제 판매 담당 이사이다. 직책상 전세계를 돌아다니는 랠프는 퍼스트 클래스 업그레이드 쿠폰을 몇 장 모았다. 그는 최근에 도쿄 여행에서 돌아오는 도중 시카고에서 비행기를 기다리다가 다섯 명의 수녀가 같은 비행기를 타려고 기다리고 있다는 것을 알았다.

랠프는 자신의 여행 쿠폰을 사용해 수녀들의 좌석을 일등석으로 상향 조정할 수 있는지 알아보기 위해 탑승구의 직원에게로 다가갔다. 운 좋게—혹은 신의 개입으로—좌석이 다섯 개 남아 있어 수녀들은 일등석에 탈 수 있었다. 랠프의 친절에 감격한 수녀들은 그를 위해 기도하겠다고 약속했다. 수녀들에게 특별한 즐거움을 안겨준 이 비즈니스맨의 친절에 놀란 승무원들은 크게 감명받아 수녀들의 일등석 비행을 아주 특별한 것으로 만들어주었다.

승무원들 사이에 소문이 퍼져 랠프는 조금 유명해졌다. 그는 그의 행동을 칭찬하는 짧은 편지들을 받았고, 많은 사람들이 그를 격려했다. 착륙하기 직전 기장은 그의 친절에 감사하는 승무원들의 짧은 편지와 함께 와인 한 병을 그에게 선물했다. 천사는 누구나 다 사랑한다!

남편과 나는 매년 크리스마스 때마다 결혼한 첫해에 시작한 한 가지 전통을 지킨다. 우리는 어려운 가정의 아이들의 소원 목록을 입수해 거기에 적힌 항목들을 구입한 뒤에, 그 부모들에게 선물과 함께 포장지를 보낸다. 이것이 우리가 맞이하는 크리스마스 축제의 하이라이트이다. 가장 의미 깊은 선물은 주는 데서 발견된다.

많은 중년의 사람들이 가족과 친구, 이웃과의 삶에서-어떤 사소한 방식으로든-변화를 낳기 위해 노력하고 있다. 어려운 사람들에게 작은 선물을 주거나 관심을 보여주고, 그들의 성장을 격려하며, 바쁜 이웃을 위해 일손을 빌려주기도 한다. 그것은 감사의 쪽지처럼 실질적인 것일 수도 있고, 실수를 용서하는 것처럼 사려 깊은 것일 수도 있다. 좀더 활기찬 생동감을 느끼고 싶다면 누군가에게 마음에서 우러나오는 무엇인가를 주라, 조건을 달지 말고. 심지어 그것을 익명으로 주는 것을 고려할 수도 있다.

선물은 행복을 비는 마음이나 칭찬, 긍정적인 생각처럼 간단한 것이어도 좋다. 그것은 감사의 편지일 수도 있고, 격려를 위한 쪽지일 수도 있고, 단순한 잡일(개를 산책시키는 일이나 식료품 쇼핑, 이웃의 잔디를 깎는 일)을 해주는 것일 수도 있다.

많은 중년의 사람들은 이런 친절과 평화, 용서의 습관을 통해 삶의 의미와 풍요를 발견한다. 다른 누군가를 만족시켜 줄 때 자신의 영혼까지 만족하게 된다.

나는 시간을 내어 내면을 바라본다.
나는 마음속 지혜의 목소리를 듣는다.
나는 새로운 꿈을 꾸고, 옛 것을 버린다.
나는 영혼을 만족시키는 삶을 살아가고 있다.

에필로그

좌절하지 마라,
이곳은 새로운 지역이다

실수하지 않는다면, 아무 결정도 하지 않은 것이다. — 존슨 Robert W. Johnson

우리는 삶의 깊이와 활기를 위해 자신의 인생을 개혁하는 방법들에 대해 살펴보았다. 이 여정은 자신의 목적에 대한 정의를 다시 한 번 내리고, 꿈을 다시 설계하는 일로 시작된다. 더불어 고양된 자기 인식을 늦추는 것들을 버리면서 계속된다. 스스로 자신의 행복을 책임지고 받아들이기로 결정한 생각들을 실천할 때 진보가 이루어진다.

삶을 환영하고, 사려와 사랑으로 인간관계를 강화시킴으로써 열정을 좀더 많이 만들어낼 때, 당신은 저 푸른 창공으로 날아오르기 시작할 것이다. 일단 새로운 고지에 도달하면, 당신은 그것을 뛰어넘기 위해 손을 뻗을 것이다. 큰 활력은 확장을 수반하기 때문이다. 그리고 궁극적인 기쁨을 더 많이 경험하기 위해, 당신은 자신의 선물을 사람들에게 나누어주며 날마다 변화를 낳을 것이다.

자신의 삶을 개혁하고 있든, 보다 많은 것을 위해 여행을 시작하든, 당신은 다른 이와 비슷한 지역을 답사할 가능성이 높다. 대부분의 사람처럼 당신은 새로운 목적지에 도착하기 전에 부정, 자각, 탐험, 의심이라는 몇 개의 진부한 작은 길을 여행할 것이다. 당신은 그것과 마주쳤을 때 다른 이들이 지나간 흔적을 알아보고는 기운을 내서 여행을 계속할 수도 있다.

부정

부정이라는 작은 길의 여행자들은 "이런 일이 내게 일어날 리 없어." 또는 "사태가 그렇게 나쁜 것만은 아냐"와 같은 생각들을 환영한다. 불편한 변화에 직면하기보다 변화를 암시하는 징조(명치 끝의 메스꺼움, 머릿속의 불안한 생각, 잠 못 이루는 밤, 즐겁지 않은 나날)를 무시해 버리기 더 쉽다. 있을 수 있는 부정적인 것들을 감수하는 것보다 이미 익숙한 부정적인 것들과 더불어 살아가는 것이 더 나아보인다.

변화라는 칼의 양날 중에서 위험한 쪽이 더 밝게 빛난다. 이 단계에서는 강한 욕구가 억제되고 직관이 완전히 무시될 수 있을 정

변화라는 칼의 양날 중에서 위험한 쪽이 더 밝게
빛나 보이는 때가 있을 것입니다.
이 단계에서는 변화에 대한 강한 욕구가 억제되고,
미지의 것에 대한 두려움이 매우 강력해집니다.

도로 미지의 것에 대한 두려움이 매우 강력하다. 그것은 마치 쇼크 상태에 있는 것과 같다. 우리 주변에서 일어나고 있는 일을 보거나 듣거나 느낄 수 없다. 이 길에서 우리는 의심할 만한 것이 아닐지도 모른다고 확신하려고 애쓰면서 많은 것을 가장하고 자칭한다. 부정은 어떤 적응 행위든 다 방해한다. 우리는 "모든 것이 다 잘 굴러가고 있어, 정말로." 혹은 "적어도 가능한 만큼은 잘되어 가고 있어"와 같은 생각에 필사적으로 매달리기 때문이다.

몇 년 전에 나는 공장의 전 공정을 개조하고자 하는 화학 노동자들과 함께 일했다. 이 그룹에는 몇 명의 일벌레와 개조에 회의적인 다수의 사람, 그리고 이를 반대하며 완강하게 버티는 소수의 사람이 있었다. 부정적 견해에 사로잡힌 사람들은 여전히 "그건 안 돼." "내가 살아 생전에는 절대로 안 돼." 하고 진언(眞言)을 외면서 뒤처졌다. 반면에 새로운 기술을 배워 변화에 대비한 다른 사람들은 모든 공정이 컴퓨터화된 새로운 환경에서 성공을 거두었다.

부정적 견해의 길은 큰 변화로부터 안전한 피난처를 제공해 줄 수 있지만, 너무 오래 머물 경우에는 취약해질 수도 있다. 당신이 좀 오래된 철길을 걸어가고 있는데 기관차가 빠른 속도로 다가오고 있다고 상상해 보라. 당신은 두 가지를 선택할 수 있다. 당신은 그 자리에 그대로 머문 채 멀리에서 다가오고 있는 것이 화물 열차라는 것(그리고 마침내 자신을 치고 지나가리라는 것)을 부정할 수도 있고, 철길에서 벗어나 다른 길을 택할 수도 있다.

자각

부정적 견해에서 벗어날 준비가 되어 있을 때 아마 당신은 현실을 점검하기 위해 멈출 것이다. 여기에서 당신은 자신의 인생에서 무엇이 제대로 진행되고 있고, 무엇이 그렇지 않은지 파악하게 될 것이다. 이제 더 이상 자신의 일이나 결혼, 개인적인 발전에 만족하고 있다고 가장하지 않을 것이다. 당신은 가늠해 보고, 자신이 느끼고 있는 것을 깨끗이 자백하고, 어떤 짐을 버리고 어떤 장비를 실을지 결정할 것이다.

이 새로운 자각이 부정적 견해의 정면을 폭파시키면, 보다 많은 빛이 스며들어 여러 진실들을 비칠 것이다. 이전에 충족되지 못한 욕구들이 보이고, 의지에 작용하지 못한 신념들이 선명히 드러나고, 자신이 내린 결정들이 명확히 보일 것이다. 열정과 욕구가 깨어나 자신이 무엇을 원하는지 알고 다음에 연결된 길, 즉 탐험의 길로 서서히 나아갈 것이다.

탐험

탐험의 길에서는 당신은 맴돌고 있는 듯한 느낌을 받을지도 모른다. 앞으로 나아가기로 맹세했음에도 불구하고, 가장 빠른 경로에 대해 확신하지 못할 것이다. 한쪽 방향이 처음에는 옳은 것 같지만 나중에는 자신을 처음 출발한 곳으로 되돌려놓은 것을 발견하게 될지도 모른다. 좌절하더라도 이런 가짜 출발을 예상해야 한다. 뭐니뭐니해도 이곳은 새로운 지역이다.

자신의 용기에 버팀목을 대고 "이 방향으로 가면 내가 원하는 곳에 좀더 가까워지지 않을까?" 하고 물음으로써 내면의 나침반을 점검하라. 이때 계속 나아가기만 하라. 그렇지 않으면 다른 경로를 택하기만 하라. 당신은 길을 따라가다 보면, 또 하나의 일탈(逸脫), 즉 의심의 작은 길이 놓여 있는 목적지에 도착할 것이다.

의심

　의심의 작은 길을 따라 쭉 늘어서 있는 것은 가시가 많은 변종의 수풀이다. 그것이 이따금 당신을 방해하거나 심지어는 당신의 새로운 결심에 생채기를 낼지도 모른다. 바로 여기에서 당신은 변화의 대가를 보고 그럴 가치가 있는지 의문을 품을 것이다. 당신은 좀더 낯익은 땅으로 돌아가고 마지막 한계에서 벗어날 수 있는 길을 피하고 싶어질 것이다.
　당신은 지금 자신이 올바른 길에 근접해 있는 것을 알고 있다. 당신은 그 이질적인 성격을 알아챌 수조차 있다. 전망이 마음을 조마조마하게 만들긴 하지만, 당신은 앞으로 이루어져야 하는 것에 대한 적응을 경계한다. 관습이 다르고, 심적 경향도 약간 변형될 것이다. 당신은 이런 낯선 곳에서 잘 대처할 수 있을지 확신하지 못한다.
　하지만 그때 당신은 바로 앞을 바라보게 되고, 가시 많은 작은 길이 넓고 포장된 불빛 밝은 길로 바뀐다. 그리고 이렇게 씌어진, 크고 분명한 표지판이 서 있다. '당신의 영혼을 만족시키는 삶으로 가는 길.' 의심이 희미해지며 결심으로 바뀐다.

여행자의 도움

많은 것이 당신의 진보를 위한 여행을 도와줄 것이다. 자신이 바라는 것들을 하루에 여러 번 읽음으로써 이것들을 상기하도록 하라. 요가나 명상, 자기 반성과 같은 삶을 긍정하는 습관들로 자신의 사기를 북돋우라. 올바르게 먹고, 운동하고, 시간표를 짜놓고, 정기적으로 발코니에 가서 자신의 삶을 개관하라.

무엇이든 원하는 변화들을 평가할 수 있는 갱신의 시간을 가져라. 시간을 내어 사랑하고 배우고 인생의 진짜 보물들을 즐김으로써 당신의 영혼을 만족시켜라.

여행을 계속할 때, 도중에 지원을 받으면 당신은 십중팔구 이득을 보게 될 것이다. 사기가 저하되었을 때 이를 끌어올려 주고, 지도가 필요할 때 그것을 제공해 줄 사람이 누구인지 생각해 보라. 전에 그곳에 여행을 가본 적이 있는 사람들을 찾아내 그들이 배운 교훈이 무엇인지 가르쳐달라고 부탁하라. 그저 귀를 기울여주고 자신의 견해를 들려줄 사람을 찾아내라. 또 아무도 묻지 않는 질문들, 당신을 당신 자신으로부터 구해주는 생존의 질문들을 던져줄 사람들도 찾아내라. 영감을 주는 자료를 읽고 그와 관련된 워크숍에 등록하라.

자신의 인생을 재창조하기 전에 이 마음 조이는 여행 내내 당신을 지켜볼 기어를 조여라. 에너지를 공급해 주는 식량과 함께 당신의 발목이 까졌을 때 그것을 치료해 주는 것들이 필요할 것이다. 자신을 분명히 볼 수 있는 거울도 가져가고, 고요 속에서 지혜의 목소리를 들을 수 있도록 귀마개도 가져가라.

당신이 올라갔던 수많은 언덕들을 상기시켜 주는 성공담도 알아두라. 그리고 자신의 목적과 계획에 맞추어 눈금이 조정된 나침반도 잊지 말고 가져가라. 꼭 가져가야 하는 또 다른 하나는 새로운 정상에 꽂을 깃발이다. 그곳에서 당신은 휴식을 취하며 그것이 나부끼는 것을 보면서 얼마나 멀리 왔는지 떠올리면 흐뭇한 기분이 들 것이다.

감사의 글

감사의 뜻을 전하고 싶은 분들이 많이 있다. 그분들은 이 책이 나오기까지 많은 힘을 보태주었다. 뿐만 아니라 내가 배움을 갈망하고 이를 발전시키는 과정 속에서 지쳐할 때 고양된 만족감을 맛볼 수 있도록 큰 도움을 주었다.

무엇보다 광범위한 연구와 글을 통해 나를 지도해 준 수많은 저자들, 특히 게일 쉬히(인간 발달 단계를 연구한 에릭 에릭슨의 작업을 대중에게 널리 알린 사람)와 디팍 초프라, 잭 캔필드, 스티븐 코비, 웨인 다이어에게 감사한다.

친절하게 중년에 인생을 변화시킨 경험담을 들려주어 좀더 의미 있는 인생을 살고 싶어하는 사람들에게 용기를 준 많은 분들에게도 감사의 뜻을 전한다.

또 수전 엘코와 켄 화이트, 스테판 크리스티안센, 마이클 스텀프, 라나 리베르토, 린 호지돈, 더그 월리스와 캐롤 월리스, 루 만치, 루이스 뉴겐트 등에게도 감사한다. 이들은 없는 시간을 쪼개어 초고를 꼼꼼히 읽어주고 격려해 주었을 뿐만 아니라 이 책에 도움이 되는 논평을 해주었다.

원고를 정리해준 친구 앨리스 롤러에게도 깊은 감사를 표한다. 그녀의 날카로운 안목과 재치 있는 충고, 일관된 후원에 큰 힘을 얻었다.

사랑으로 이끌어주면서 오랫동안 나를 지원해 준 나의 형제자매 앤과 더그와 리, 데이비드에게도 충심으로 감사한다. 나는 그들 모두가 자랑스럽고 그들을 사랑한다.

마지막으로 끊임없는 사랑으로 힘을 보태주고 애정 어린 마음으로 나를 배려해 준 마이크에게 감사의 뜻을 전한다. 그의 흔들리지 않는 믿음과 충고, 깊은 배려심과 격려가 없었다면 나는 이 책을 쓰지 못했을 것이다.

옮긴이의 글

영혼까지 만족스러운 삶, 혼이 담긴 열정적인 삶이란 무엇일까? 우리가 참된 욕구를 추구하고 내면의 지혜에 기초해 선택하고 결정할 때 그런 삶을 살고 있다고 말할 수 있지 않을까? 일반적으로는 이른바 분별 있는 목표를 좇고, 다른 사람들이 듣고 싶어한다고 생각되는 것을 말하며, 습관이나 두려움에 바탕을 두고 선택하고 결정하지만 말이다.

용기 있게 열정적인 삶을 살기 위해서는 다른 사람들이 그 꿈은 어리석고 그 목표는 도달할 수 없는 것이라고 해도, 참된 욕구를 좇고 자신의 독특한 재능을 발전시키고 그것을 활용해 다른 사람들을 도와야 한다. 이 책은 바로 이런 것들을 다루고 있다.

이제는 우리 나라에서도 수명이 확대되고, 특히 IMF 사태 이후 퇴직 시기가 빨라져 40대 중반 이후의 삶이 큰 과제가 되고 있다. 게다가 이 연배는 이른바 사추기(思秋期)로서 경제적으로 성공을 거두었다 해도 무엇인가 허전하고 쓸쓸하며 무엇인가를 갈구하게 마련이다. 중년의 위기가 바로 그것이다. 이 책에서는 이런 위기를 넘어서 몸과 마음, 정신, 심지어 영혼까지 만족스러운 새로운 삶을 개척하는 길, 혹은 인생을 개혁 혹은 개조하는 방법을 구체적, 단계적으로 심도 있게 논의하고 있다.

　이 책은 간결하지만 의미 심장해 읽고 또 읽게 만든다. 그리고 글이 시원시원하고 명료하게 전개되며, 저자가 제안하는 방법이나 아이디어들이 일상적인 실례를 통해 쉽고 평이하게 설명되어 있다. 중년을 대상으로 한 것이지만 삶의 혁명은 어느 나이에나 가능하므로 연령에 구애받지 않고 누구나 읽어도 큰 도움이 되리라 생각한다.

　이 책은 인생에서 진실로 중요한 것이 무엇인지 정직하게 숙고해 보고, 늘 꿈꾸던 삶을 살도록 촉구하는 한편, 내면의 평화와 삶의 목적, 열정을 찾도록 도와주는 안내서 역할을 하고 있다. 또한 삶을 고양시키고 행복을 찾기 위해 곧바로 손댈 수 있는 실천적인 방안들도 제시하고 있다.

　한마디로 이 책은 간단한 진리들에 관한 책이다. 삶에서 사랑과 풍요를 원한다면 그것을 주라. 어떤 것을 믿으면 줄곧 그것을 믿으라. 인생의 하루하루를 어떻게 사용할 것인지 결정하라는 것이다. 저자의 말대로 독자 여러분도 시간을 내어 사랑하고 배우고 인생의 진짜 보물들을 즐김으로써 영혼을 만족시키길 바란다.

저자 수잔 윌리스 조글리오는 자신이 가르치고 있는 것을 실천에 옮기고 있다. 즉 벅스 카운티의 '사랑의 집짓기 운동 연합회'에 의해 판매되는 이 책의 대금은 거의 대부분 이 조직을 지원하는 데 쓰이고 있다고 한다. 끝으로 이 책이 2000년 인디펜던트 퍼블리셔 북 어워즈(Independent Publisher Book Awards)의 '올해의 두드러진 책'과 '삶을 가장 변화시키는 책'으로 선정되었다는 것을 덧붙여 둔다.

참고문헌

A Course in Miracles™, Farmingdale, NY : Foundation for Inner Peace, 1975.

Benson, H. with Stark, M. *Timeless Healing : The Power and Biology of Belief*. New York, NY : Scribner, 1996.

Bentley, Karen Anne, *Stop Out-of-Control Eating*. Concord, MA : Lovejoy and Lord Publishing, 2000.

Borysenko, John. *Guilt Is the Teacher : Love Is the Lesson*. New York, NY : Bantam Books, 1988.

Canfield, J. and Hansen, M. *Chicken Soup for the Soul*. Deerfield Beach, FL : Health Communications, Inc., 1996.

Chopra, Deepack, M.D. *The Seven Spiritual Laws of Success*. San Rafael, CA : Ambler-Allen Publishing, 1994.

_____. Ageless Body, *Timeless Mind*. New York, NY : Harmony Books, 1993.

Cousins, Norman. *Anatomy of an Illness as Percieved by the Patient*. New York, NY : Norton. 1979.

Covey, Stephen R. *The 7 Habits of Highly Effective People*. New York, NY:Simon & Schuster, 1989.

Donovan, Jim. *This Is Your Life, Not a Dress Rehearsal*. Buckingham, PA : Bovan Publishing Group, Inc., 1999.

Dyer, Wayne W. *Wisdom of the Ages*. New York, NY : HarperCollins Publishers, Inc., 1998.

_____. *You'll See It When You Believe It*. New York, NY : W. Morrow, 1989.

Goleman, Daniel. *Emotional Intelligence*. New York, NY : Bantam Books, 1995.

_____. *The Meditative Mind* : Varieties of Meditative Experiences. Los Angeles, CA : Perigee, 1992.

Jeffers, Susan. *Feel the Fear and Do It Anyway*. New York, NY : Fawcett Columbine, 1987.

Peck, Scott M. *The Road Less Traveled.* New York, NY : Bantam Books, 1993.

Sheehy, Gail. *New Passages : Mapping your Life Across Time.* New York, NY : Random House, Inc., 1995.

Weil, Andrew, M.D. *Spontaneous Healing.* New York, NY : Alfred A. Knopf, Inc., 1995.

Whitfield, Charles L., M.D. *Healing the Child Within.* Deerfield Beach, FL : Health Communications, Inc., 1987.

Young, J. E. and Klosko, J. S. *Reinventing Your Life.* New York, NY : Penguin Books, 1994.